U0458470

猴面包树

父 母
心 理
通识课

爱孩子
如花在野

林紫

著

上海三联书店

每个孩子，
都　　曾
想　成　为
最　好　的
自　　己

2020年的冬至来临前，难得逢着暖阳，我特意安步当车从街心公园绕道去办公室，见一对专程从外地赶来咨询的母女。没想到，却在公园里先遇到了另外一对令人揪心的母女。

母亲看起来年龄不大，但露在口罩外的眉眼却写满了焦虑，正心事重重地牵着五六岁模样的女儿"散步"。不过，她牵的不是女儿的手，而是一根拴在女儿背部的布带子；女儿也不是真的在散步——她整个人匍匐在地上，正努力向前爬着。虽然母亲时不时用带子将她拎起来，但她就像没有充气的充气娃娃一样，总是立刻又软绵绵地扑倒下去，引来母亲一阵阵斥责。

我的心疼了起来，脑海中一瞬间闪过各种可能。作为母亲的警觉和作为咨询师的职业敏感，让我不由得停下脚步，先试着通过对话和观察排除"虐待和拐卖"，然后关切地询问那位母亲："孩子一直这样吗？有没有去医院做过检查？"

母亲叹了口气，说："一直在看医生，到处去看，有什么用，还不是她自己不想好好走！"

我隔着口罩惊讶得合不拢嘴，不知道母亲如何得出这样的结论。我继续问："是医生告诉您'她自己不想好好走'吗？"

母亲摇摇头，说："医生就是让吃药、训练，都那么长时间了，把人累得够呛，我一天到晚什么也做不了，全都陪着她，但她就是不争气！"

我蹲下来，望向孩子。小小的她也戴着口罩，看到我，眼睛眨了眨，双手用力撑了撑地。

我说："宝宝，你想站起来吗？"

孩子点点头。母亲一把把她拉了起来，我也跟着站起来，欣赏地看着孩子的双腿，说："哇，阿姨看到你的腿好长哦，穿裙子一定很好看！你喜欢穿裙子吗？"

孩子本来摇摇欲坠的身体突然稳住了，开心地不住点头，用不清晰却很努力的口齿说："喜欢，我喜欢裙子！"

我继续说："嗯，阿姨家里有个小姐姐，也喜欢穿裙子，还喜欢跳舞，穿上裙子跳舞可好看了。宝宝以后想不想学跳舞？"

孩子用力点头，跺着小脚、挥动着胳膊说："想！"

我竖起大拇指，鼓励孩子说："真好，阿姨都想看到你跳舞的样子了，一定很美！那，你愿不愿意先走一段路给阿姨看看呢？路走好了，就可以学跳舞了！"

孩子毫不犹豫地抬起脚丫就向前迈了出去。左、右，左……虽然步子摇摇晃晃、虽然还需要母亲协助调整方向，但是孩子真的开始走了，而且，一口气坚持走到了停放在小路尽头的儿童推车旁！

我陪着孩子走了一小段，边走边鼓励说："宝宝走路的样子真好看！"同时，也轻轻告诉母亲：多多鼓励孩子，因为哪怕只有小小的一步，对她来讲也已经付出了巨大的努力；也因为孩子不是不想好好走，而是身体和心理的准备与支持都还不够。

目送着母女俩渐渐远去的背影，我大声说："宝贝，阿姨看到了，你走得很好！就这样一步一步慢慢来，你可以的！阿姨相信你！"

我相信孩子，这是真的。虽然疫情之下短暂路遇，我无法进一步接近这对母女、不了解孩子过往都经历了什么；虽然母亲讲不出医生的确切诊断结果；虽然鼓励制造的当下"奇迹"几乎不可能持久地改变母亲的抱怨和打击……但我相信孩子想要"好好走"的心，因为我能看见孩子完整的生命，而不仅仅是她行走的能力。

看见孩子完整的生命，就能看见他们为活着而做出的各种努力，就不会因困顿而迷失在他们表面存在的各种问题里。

可惜，很多父母看不见。

过去的三十多年，时代快速更迭，父母学历提升，中国式育儿焦虑也"应运而生"，并且越来越泛化——压力山大的年轻父母们，总是担心无法更好地养育孩子，总是害怕自己受过的伤、走错的路复制到孩子身上，总是在网上搜索各种育儿文章，渴望遇到一个神一样存在的育儿专家，教自己一套神一般正确的育儿功夫，从此以后就可以一劳永逸，和孩子"愉快地生活在一起"，再也不用担心现在和未来的任何问题……

真爱无罪。不过，假如仅仅有爱而缺少智慧与慈悲，就会陷入更大的育儿焦虑中，变成"碎片式的父母"，东一榔头西一棒槌，看不到孩子成功背后的危机、问题背后的潜力，虽然通过网络学到了一大堆心理学术语和理论，却发现：术语不是生活、理论相互矛盾，自己越学越没了主意……

碎片式父母，最大的危险在于看不见孩子行为和个性的"来龙去脉"，甚至完全看不见孩子的成长。因为看不见，所以不知道：原来父母和孩子是一个系统，失败和成功是一个系统，过去和未来是一个系统，人类和万物是一个系统，而我们每个人本身也自成一个身心系统。

有了系统观，就可以将孩子、自己、家庭、世界、时间、空间整合到一起来，这样的养育观，我把它叫作"系统养育"。

"系统养育"，不仅是理论和概念，更是与生活和生命息息相关的一系列"心性的训练"。怎么训练呢？这本书里有"答案"——只是，这份"答案"需要父母们试着放下身段，打破线性思维习惯，全然投入到一个新的认识自己、认识孩子的系统之中，与我共同找出属于你的那份答案。

什么是线性思维呢？举个例子。有一次，我去一家世界五百强企业开项目总结会，这家企业一年前引入了林紫心理机构的EAP员工心理关怀服务，服务的内容之一，是对员工流失率进行心理分析，并为管理层提供心理管理支持。当项目专员向与会人员展示了总结报告和分析建议后，企业人力资源部的一位伙伴忧心忡忡地说："你们的报告很专业，但不符合我们领导的喜好啊！领导喜欢简明高效的报告，其格式最好是'发现具体问题—分析直接原因—提出解决建议'。比如，你们在测评和访谈中发现某个部门的高离职率与部门主管有关，那为什么不直接建议更换主管呢？"

我点点头，先对她的顾虑表示理解，然后用缓慢而加重的语气解释说："您说的报告格式，是基于线性思维模式的。线性思维，看起来高效直接，其实往往是头痛医头、治标不治本；而林紫机构的EAP服务，恰恰是希望从心理管理角度帮助企业管理者建立起系统思维模式，从系统的角度来理解每一个表象问题背后的真实原因。比如这位主管，假如我们看不到他与下属的冲突其实是压力下的应激反应，而压力的来源又与组织变革有关，那么即使人换了，问题还是依然会存在。所以，我们的建议都是成长式的，看上去不直接针对问题，但恰恰是从根本上改善组织效能。只是这比线性思维来得慢，不容易马上出成效。作为专业服务机构，我们有勇气和决心等待企业'迟来的爱'；同时，我们也希望企业领导者愿意跟我们一起'种树'，而不是'插花'。"

有朋友说我们太学究气了，不但不"迎合客户的需要"，居然还拒绝掉一些别人趋之若鹜、求之不得的大客户，实在是傻。每每这个时候，我便透着一股"清澈的愚蠢"认真回应说："傻人有傻福，该回来的自然会回来。"

该回来的自然会回来——读到这里，你会不会觉得我太过天真？最初，我团队的小伙伴们也这么觉得，直到那些曾经被我们拒绝的客户真的一个一个回来了，而且纷纷说"你们的坚持是对的"时，小伙伴们才真的信了"老天爱笨小孩"的说法。

回到上面的企业案例。当我婉转地说服了人力资源部，鼓励他们"壮着胆子"将报告提交给领导，并且邀请领导参加报告解读会后，一向不苟言笑、雷厉风行的女总经理一改往日风格，脸上绽放出美丽而温暖的笑容，频频点头说："对！降低流失率，减轻员工压力，需要从我开始。以后我要多笑一笑，我接受大家的监督，欢迎大家多提醒！"

他山之石，可以攻玉。假如我们把家庭这个组织比喻成一个企业，把父亲比作总经理，那么母亲，则扮演着人力资源主管的角色——当孩子出现各种各样的"问题"时，如果母亲可以率先建立起系统的养育观，并且找到合适的方法来争取父亲的理解与支持，然后父母自己开始加以调整，则"问题"就可以变为家庭成员共同成长的契机，让家庭这棵大树生长得更加茁壮、更有生命力。

这本书里，我将心理学理论和案例故事、生活练习与实践结合起来，帮助父母们将碎片化知识整合为一体，不在学习中迷失自己，而是探寻生命最本质的样子，了解自己的人性假设，形成自己的生命哲学观，继而带着智慧、慈悲与自信回到亲子关系中，重新看见孩子、理解孩子，并且有能力创造性地应对育儿之路上的各种挑战，给予孩子生而为人所能得到的最温暖而坚定的陪伴。

在系统养育视角之下，你将会看见：孩子的问题不全是父母的问题，"原生家庭"也不全是"原罪家庭"。因为只有线性思维才会让人将一切问题归为"都是原生家庭和父母的错"。线性思维可能导致绝望，系统思维则会为绝望者打开一扇窗。

在系统养育视角之下，你还会看见：父母与孩子在心性与慧性层面是相互养育而非单向输出的。养育的目标和方式，从寻找问题变成寻找方向，从聚焦创伤变成聚焦成长，从抱怨缺失变成资源共创。

从系统养育视角来看，生命常常是"塞翁失马，焉知非福"，所以世界那么大，我们慢慢来。

"塞翁失马"，在我看来是老祖宗留给我们的最具实操性的心灵智慧：只要别太着急下结论，愿意"走着瞧"，而不是刻舟求剑，你就有机会看见更高维的系统存在。在那个脱离了线性评判的高维系统中，你会清楚地看见福祸相依、否极泰来。见得足够多时，你便不知不觉间接近了"不以物喜、不以己悲"的心灵稳定境界。

我的母亲教了一辈子书，一辈子深受学生爱戴。她最喜欢跟我分享的教书心得是："不能以分数高低给学生下结论，一辈子很长，一切皆有可能。老师只是某种可能性的催化剂，只能参与学生某个人生阶段的'化学反应'。有的成绩一般的孩子，到了社会上反而更有闯劲，能干出一番事业；而有的名列前茅的优等生，大学毕业后反而开始啃老，不能适应社会。"

人生已经很难，系统养育会让我们懂得：活在世间最好的模样，是父母与子女彼此慈悲、相互放过，不需再给孩子人为制造更多的困难。

很多人为制造的困难，往往来自于"关心则乱"和"爱之深、责之切"下的用力过度。就像为这本书取书名的过程，因为珍爱有加，所以总想"最好"——我和总编李娟老师、猴面包树出版工作室的伙伴们、四面八方的亲友们，大家连续几天昼思夜想、头脑风暴，女儿甚至还请出了AI帮忙——一番激情澎湃、海阔天空的精神遨游之后，心渐渐重归宁静，然后发现：在十余个备选书名之中，最贴近心的本真和书的要义的，其实是一开始那个最不费力、从心上直接生长出来的名字:《爱孩子如花在野》。

如花在野，是日本茶圣千利休所立下的"茶道七则"中的一则，意思是：茶道里的插花，"花要插得如同在原野中绽放"。我曾以此为标题，给心理咨询师们讲专业人士的自我成长，最终是要活出自然而真实的生命力，而咨询的过程，就像陪伴来访者在每一个"问题"或"伤痛"之处种花，让每个人的生命之花开出他们自己在生命原野中的模样，而不是千篇一律地用量表评测出来的"美"与"好"。

同样的标题，透过这本即将诞生的小书，也送给我最亲爱的读者大朋友和小朋友们。"理论是灰色的，生命之树常青"，虽然这本书承载着我提出的"系统养育"理论，但还有什么能比让孩子活出大自然里最鲜活和舒展的样子，更能够体现"系统养育"的根本及宗旨的呢？

所以，当放下了所有的执念和过犹不及的努力，书名就以它本来该有的样子呈现在了大家面前。

一愿：书如其名，大家喜欢；

再愿：每个大人和每个孩子都能被系统滋养，如花在野、与万物同生长。

林紫

2020年11月初稿

2024年5月完稿

目录

第一章

碎片式父母，养育不出完整的孩子

020

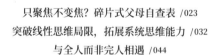

第四章

家族生物系统——"物我"养育

106

第五章

社会关系系统——"心我"养育

146

第六章

自然生态系统——"慧我"养育

202

第七章

时空交互系统——与孩子相遇在一期一会中

224

写在最后

252

第一章

碎片式父母，养育不出完整的孩子

我们先来做一个小测试——

假设：一个10岁的孩子问你"什么是经济学"，你会如何"一口答"呢？

选择：

A. 经济学是一门研究财富的学问。

B. 经济学是一门研究财富与人的关系的学问。

C. 经济学是一门从财富角度来帮助我们更好生活的学问。

显然，这三个答案都不是教科书式的标准答案，而且你可能会有比这三个选项更棒的回答。不过，如果只能三选一的话，你会选哪一个呢？

这个"小测试"，其实是我的女儿圆子在她10岁的时候给我出的。猛地被她提问，我沉吟两秒后，"毅然决然"地给了她第三个答案。圆子歪着小脑袋想了想，说："那我知道了，心理学就是从心理的角度来帮助我们更好生活的学问，物理学就是从物理的角度来帮助我们更好生活的学问，设计学就是从设计的角度来帮助我们更好生活的学问……"

我暗暗欢喜，因为透过第三个答案，正是我想要帮助圆子建立起从系统角度看问题的习惯——不仅了解一门学科本身，也了解它与我们自己及其他学科之间的关系，了解世界是如何相辅相成，我们的学问又该用在哪里。

答案C，不见得是最好的，但却是重要的，因为孩子早晚会从书本中找寻到标准答案来帮助他们在学科考试中通关，但心灵世界的"通关"，需要的却不是标准答案，而是系统思维的能力与习惯。这份能力与习惯，可以帮助孩子以"上帝的视角"来俯瞰人生的各种困境与挑战，拓宽心灵的出路，不因眼前的挫折打击而失去对人生的耐心与信心。

圆子更小一点的时候，我和她曾在书店共同发现了一本让我们爱不释手的绘本：zoom（中文译名：《变焦》，伊斯特万·巴尼亚伊著）。整本书除了标题，没有一个文字，却有一种奇妙的力量，让我们从翻开它的那一刻起，就开始徜徉在浩瀚无垠的想象时空中。第一页，只有一个几乎占满画面的红色不规则图形，让人有些好奇，想知道它究竟是什么；翻到第二页，才发现它原来是一只大公鸡的红鸡冠；再翻到第三页，原来大公鸡在一个农舍窗外很远的地方；再翻，圆子忍不住"哇——"了起来，原来，公鸡和农舍都不过是一个小女孩的玩具而已；接着翻，接着"哇——"，原来玩具和小女孩都是一本杂志的封面画；迫不及待再翻下去，原来杂志在一个少年的手中，少年正托着腮小憩……

一页又一页地翻下去，一次又一次地惊叹：原来每一个画面中的主角都不过是下一个更大画面中的配角，原来每一次看到的全景都不过是更大时空中的局部，原来每一声"原来如此"的感叹都不是最终的感叹，即使到了最后一页，所有之前所见都与地球一起浓缩成了宇宙中的一个点。我和圆子仍然意犹未尽，想象着宇宙也不过是更大时空中的局部，而更大的时空，又会是怎样的呢？

这本无字绘本，通过"变焦"魔法让小小的圆子开始从更大的层面上认识世界和自己，而我，则将它列为"系统养育"启蒙读物之一，推荐给了更多的父母——不仅是让他们带着孩子读，更希望父母们自己先好好多读几遍。因为想要养育出完整的孩子，父母先要觉察和疗愈"碎片式"的自己。

只聚焦不变焦？碎片式父母自查表

"碎片式父母"，是我2013年开始在全国巡讲心理养育主题时提出的概念，主要用来对照说明"系统养育"的重要性，提醒大家在学习和生活中避免割裂化和绝对化，凡事不要太早下结论，尤其是对孩子。

什么是"碎片式父母"呢？下定义前，我想请你先找个不被打扰的时间，静静回顾一下自己与孩子的日常相处与互动的模式，看看下面哪些情形会让你对号入座。

✓ 孩子乖的时候，觉得处处是天堂；孩子不乖的时候，马上如堕地狱。

✓ 孩子磨蹭拖拉，总觉得他/她是在故意跟自己作对。

✓ 总觉得别人家的孩子更省心。

✓ 喜欢给孩子贴标签，比如"害羞、内向、嘴笨"或者"懂事、乖巧、省心"。

✓ 报了许多育儿课程，听课时热血沸腾，听完后"打回原形"，觉得都没用。

✓ 很想找到一种方法解决所有养育的烦恼。

✓ 孩子一犯错，就自我怀疑，觉得自己是个失败的爸爸/妈妈。

✓ 每次教训完孩子，总希望他/她能立刻改正、永不再犯。

✓ 一辅导作业，就陷入绝望，觉得孩子这辈子都好不了了，自己的人生也被毁了。

✓ 经常抱怨自己的原生家庭，觉得都是父母的错，才让自己在育儿之路上遭遇诸多烦恼……

以上简要列出的"碎片十条"里面，你在自己身上发现了多少条呢？事实上，只要有一条中招，我们就需要进一步自我觉察和反思：是事情真的很糟，还是我们自己忘了"翻页"和"变焦"？是眼前所见即为真相，还是我们的碎片式思维局限了自己，以至于过早下结论？

在学习、工作和生活中，聚焦能力固然重要，因为它能够使我们专注于目标，提高成功概率；但倘若缺少了变焦的能力，只见树木不见森林，则专注可能演变成狭隘与固着，成功则往往带来痛苦与迷离。

而"碎片式父母"，就是指在养育子女的过程中，常常孤立地看问题，习惯了线性思维模式，喜欢寻找单一因果关系，过度强调目标及效率，凡事都希望立竿见影，容易陷入非好即坏、大喜大悲之中的一类父母。这类父母，通常心思单纯、信任权威、执行力强但不愿独立和深入思考，他们希望有人直接告诉他们"怎么做"，"育儿知识饥渴症"和"鸡娃信息焦虑症"常常并存，头脑中总是堆砌着各种时新的育儿信息，一方面"听风就是雨"，一方面又浅尝辄止，不停地转换方向却不知最终的目的地在哪儿。

这样的父母，其实在成为父母前，已经习惯了"碎片化的生存"方式——时间是碎片化的，知识是碎片化的，人际交往也是碎片化的……碎片化最大的代价，就是让人越来越失去耐心，越来越需要量的刺激而非质的满足，人生越过越像在刷短视频。而孩子，靠"刷"是"刷"不过去的，他们恰恰需要的是父母的耐心，是高品质的陪伴，是被完整地看见。

碎片化的、线性思维的父母，对事物的评价标准大多是"有没有用"，所以容易急功近利。线性思维带来的好处是有目标、高效率，然而只有具备系统思维的父母，才更有可能陪伴孩子找到活着的意义，并且兴致勃勃地活下去。因为系统思维的父母，对事物的评价标准更愿意采用"有没有趣"。

线性思维让人追求"活得正确"，而系统思维则让人追求"活得美好"。所以，线性思维的诗人会说"春风又到江南岸""僧推月下门"，而系统思维的诗人则会说"春风又绿江南岸""僧敲月下门"。一字之差，天壤之别，因为系统思维之下，更大的气场和格局被激活了。

线性思维的父母，往往会认定世界有个标准答案，如果事情不能如其所愿从A到B，就会失去耐心和信心，比如："我为孩子付出那么多，受了那么多委屈，他/她难道不该懂点事吗？""我把所有的爱都给了孩子，他/她还有什么好抑郁的？""他/她小时候那么优秀，长大了怎么会变成这样？"系统思维的父母则愿意接受动态的平衡，看世间万事万物就像太极图里的黑白双鱼，始终是相反相成、阴阳转换的。

"碎片化"是时代的产物，不是碎片式父母的错，但需要父母们及时自我觉察才能及时止损。

圆子9岁时为自己作了一份生涯规划，立志"要读国际顶尖的艺术学院，将来要成为优秀的设计师"。虽然知道9岁的理想与19岁的理想可能大相径庭，但我们仍愿意支持她朝着理想探索，所以跟她商量之后，五年级时转入国际学校就读了一段时间。国际学校的导师制以及历届毕业生从世界各地返校归来时的分享，让小小的她感慨道："我以前的学校和现在的学校都很好，只有一点点不一样：以前的学习就像被蒙在鼓里，现在可以看到未来了。"

圆子的感慨让我想起一位重点中学初二年级男生来咨询时吐露的苦恼："我觉得我们学校根本不希望，也不需要我们去想未来，学校只需要我们埋头刷题、拼命考试就好，其他的都不重要。"

孩子们的表达，或许是对碎片化时代最真切的描述。其实哪所学校不希望自己的学生有美好的未来呢？只是，当"未来"被"以考试为中心"碎片化，而不是"以孩子为中心"系统化的时候，孩子的感受是截然相反的——不只学校，在家庭中更是如此。

一个从小成绩名列前茅的女孩，眼看要中考了，突然告诉父母她再也不想读书了，如果父母硬要逼她，她就从他们的世界里永远消失，免得他们失望。父母大惊失色，又急又气：急的是不知女儿何出此言，气的是他们觉得自己已经是足够好的父母了，为了不给女儿压力，平日里简直是"夹起尾巴做人"的，她还有什么不满意的？

咨询室里，女孩大哭一场后，终于开口说："你们平时在我面前小心翼翼的，不就是希望我考上重点高中吗？那万一考不上呢？我不就是罪人了吗？就算考上了，你们还会更加小心翼翼地熬三年，熬到我考上985、211，然后呢？然后你们就满意了吗？如果我考不上985、211，你们不是白熬了吗？让你们白熬那么多年，我还算人吗？我觉得我就是个考试机器，考好了才对得起你们，考不好就不配得到你们的好……"

女孩的父亲叹了口气，说："我们希望你考得好，又不是为我们自己，还不是希望你有个好的未来？"

女孩抽泣着说："我根本没有未来……我只会考试，

但我不可能考一辈子的试，我更不可能一辈子都名列前茅，我早晚会让你们失望的⋯⋯"

"不可能考一辈子的试"——这，正是孩子们的纠结和恐惧所在。当学校和家长将"未来"碎片化地聚焦在每一科的考试成绩上，成绩优秀的孩子就会一方面厌恶考试，一方面又逐渐表现出"考试依赖症"和"未来恐惧症"，因为不知道如何在一个没有考试的世界里找寻自我的价值。

擅长考试，不等于拥有美好未来，这一点孩子们比大人更清楚。所以，林紫机构设在上海、成都、深圳和北京（2007—2017年）的咨询中心，接待最多的孩子几乎都来自各个城市的"顶尖"学校。能够进入这些学校的孩子，本身已经很努力了，可是越努力越迷茫，越看不见"未来"与自己的关系究竟是怎样的。

我问女孩的父母："听到女儿说自己没有未来、怕你们失望，两位有什么想回应女儿的吗？"

爸爸先开口对女儿说："我不知道该说什么⋯⋯我们从来没有像别的父母一样对你提出过高的要求，也没有说你一定要考985、211，对吧？我和你妈甚至都商量过，哪怕最后你什么大学都没考上也无所谓，爸爸妈妈养得起你！

问题是，你从小一直很优秀，完全有能力考一所好大学，我们总不能眼睁睁看着你把一手好牌打得稀巴烂吧？"

妈妈擦了擦眼泪，接着爸爸的话说："女儿，就像你爸说的，我们从来不想给你压力，只是希望你打好你手里这副好牌……未来是一步步走出来的，现在不要想那么多，考上大学不就离未来更近了吗？"

女孩的眼泪又涌了出来，说："那是你们的未来，不是我的！你们表面上不想给我压力，但你们心里明明很在意！你们在意你们口中的'好牌'，而不是在意我这个人，我觉得我就是你们打牌的工具……我不想这样子长大，我想爸爸妈妈轻轻松松爱我这个人本身，而不是紧紧张张地爱我的成绩！"

女孩的父母怔住了。盯着女儿好一会儿，妈妈才说："我好像有点明白了……对不起，女儿，爸爸妈妈没想到让你有这么不好的感觉，更没想到我们千小心万小心，还是给了你这么大的压力……我们怎么可能不爱你呢？可能是我们的做法出了问题……你希望我们怎么做呢？"

女孩止住了眼泪，身体向后靠向沙发，长出一口气，说："我希望你们正常一点、轻松一点，希望我们家有家的气氛，而不是每天都像模拟考场一样压抑……你们根本不知道我需要什么！我需要你们教我怎么交朋友、怎么跟不同的人打交道……我不想一辈子只做考生，我也想成为一个人！"

"我想成为一个人"，同样的话，一位幼儿园的小妹妹在做心理游戏时也曾说过。"那么，你觉得你现在是不是一个人呢？"我蹲在她身边轻轻地问。"不是，"小妹妹认真地摇摇头，说："我是小朋友，小朋友不是人，大人才是人，因为小朋友说了不算，大人说了才算。"

两个不同年龄段的孩子，说着同样的话："想成为一个人。"如果你是她们的爸爸或妈妈，你会如何回应她们呢？

一位听过我的系统养育课程的妈妈说："以前我也是'碎片式父母'，现在我会提醒自己多多'变焦'，不能只看到孩子眼前的局部，要把他们放到一个更大的系统背景当中去看待，这样我才能真正将他们当作平等的人来爱护和尊重。只有我真正做到了把他们'当作人'，他们才会真正感觉到他们也是完整的人，这比任何解释和说教都有用得多。"

如果你也想像这位妈妈一样走出碎片式的养育误区，拥有不断"变焦"的魔力，那么请跟我们一起！

突破线性思维局限，拓展系统思维能力

常有妈妈问："林紫老师，为什么我那么温柔，可我的孩子却对我大吼大叫？""为什么我那么辛苦，可孩子却一点都不感恩？""为什么我听了那么多育儿专家的课，学了那么多方法，用到我儿子身上却一点都不管用？"

答案很简单：因为孩子的成长不是线性的因果关系。

在工作和生活中，面对问题所带来的压力时，大部分人会出现"精神性的视野狭窄"——只能看见眼前的局部，所以常常一不小心就掉入"有因必有果"的线性思维陷阱里。因为从小到大，我们所受的教育大多为"左脑"教育，总在不断地分析和判断，习惯了急于得到唯一而标准的答案，以为总有一个现成的答案可以立刻把问题解决掉，然后卷面工整地捧得高分归。线性思维以结果为导向，所以在处理事务性工作时更有效率。然而，育儿是育人，而非与机器或数据打交道，所以单靠左脑的理性判断和逻辑分析，往往会走进死胡同。如果你发自内心希望孩子成为"人"而非"机器人"，就需要调动自己的右脑思维，学习运用直觉，创造性和艺术性地解决问题。你甚至会发现，有时候让问题"飞一会儿"，才是解决问题的正确姿势——若想做到这一点，就需要慢下来、静下来，像祖先们那样。

2022年元旦，我参观了大理州博物馆。偌大的展馆，只有我一个人，我静静地站在新石器时代的陶器残片面前，心怀敬意地凝视着残片上一丝不苟的花纹时，眼泪不由自主地滚涌而出，"吧嗒吧嗒"地打湿了整个口罩，我才发觉自己的心前所未有地被先祖们留下的礼物而如此感动。

参观过大大小小许多博物馆，看到过大大小小许多出土文物，大理州博物馆的这些残片并没有特别之处，可是伫立在大理亘古不变的风花雪月中，领受着珍贵的灿烂阳光与清新空气，回想起疫情以来不断以极端方式离开这个世界的那些生命，心里想跟先祖们说的话特别多，最想说的是："对不起，我们把你们留下的对生命与美的热爱搞丢了。"

大理的自然与心灵场域，曾经吸引了许许多多渴望探寻和尝试多元教育的爸爸妈妈们。他们纷纷放下自己在不同领域的既有成就和收益，带着孩子来到这里，试图找到一种更健康的教育途径。最有趣而又值得深思的是，一篇新闻报道里这样写道——

"猫猫果儿"（学校）创始人陈钢说，有一天，他从臭水沟里拎出来一个小孩，问："你爸呢？"

"搞教育去了。"

"搞教育去了。"多么有画面感的童言童语。怀揣着理想与热情的爸爸妈妈，渴望为孩子们撑起不一样的天空，但一不小心，却可能在追求理想的过程中陷入另一种悖论：一方面在为给孩子更好的教育而奔波努力，一方面却错过了一个又一个教育和陪伴孩子的宝贵瞬间。

作为同样怀揣理想与热情的家长中的一员，我常常反问自己："理想的教育，究竟是大人的理想还是孩子们的理想呢？如果大人过度醉心于宏观理想的构建，而让孩子们在各自的微观现实中孤独地长大，岂不是自相矛盾、本末倒置吗？"

没错，宏观理想的建构很重要，因为它关系着千千万万的孩子，关系着国家、民族的未来——百年大计，教育为本；而微观现实的状况也不可忽视，因为千千万万的孩子是由每一个具体的孩子组成的，民族的未来则由每一个具体的家庭来承载——不积跬步，无以至千里，见微方能知著。

与独自品味孤独的孩子相比，被当作试验品的孩子不知是幸还是不幸。

13岁的小A，先后换了五种教育体系：幼儿园尝试了华德福教育，小学则先公立，后私立，最后在家教育，如今暂时落脚于国际学校七年级。"本以为终于可以'尘埃落定'了，可是，疫情和教改之下，我身边这些双语和国际学校的家长们更迷惘啊！虽然公立学校开始"双减"，但没有学籍就回不去；而招收中国孩子的国际学校义务教育阶段开始实行双轨，孩子们得国内国际兼顾，累不累？再有，以后只能去国外读大学，还会有很多实际问题……怎么办，怎么办？真是愁死了……"父母心理沙龙活动中，小A妈妈一长串的吐槽，引得大家纷纷叹息——当代"孟母"不好当啊！

其中一位"孟母"说："你们不知道，'双减'之后，我们这些公立学校的家长更焦虑了！孩子越闲，我们就越慌——学那么点东西，以后怎么跟私立学校、国际学校的孩子拼？补个课还要提心吊胆、东躲西藏呢！"

另一位回应说："哎呀，我跟你的想法正好相反！我家老大幼升小时还没有开始'双减'，为了让他轻松点，我们选了私立学校，结果发现私立其实更'鸡娃'呀！娃娃学的倒是多，但每天愁眉苦脸、要死要活，日子没法过呀！所以，老二就趁着"双减"送去了公立，原因很简单：老父老母折腾不起了……"

有人说，2021年是学生、家长们最焦虑的一年。似乎一夜之间，过往所有关于"教育"的经验都失效了，学区房、课外补习、国际教育……仿佛都成了梦幻泡影，如露亦如电……

不过，如果稍加细想又会发现：不知什么时候，"教育"已然变成了"学校教育"的缩写，家长们焦虑的都不是自己能够说了算的事——如果自己说了不算，那么究竟是谁在教育着孩子呢？

教育这件事，其实无处不在、无孔不入、无始无终。就像很多人喜欢引用的那句话："教育的本质意味着：一棵树摇动另一棵树，一朵云推动另一朵云，一个灵魂唤醒另一个灵魂。"——它是自然而然的，也是生生不息的；它是主动引领的，也是积极回应的；它是看似各自独立，实则彼此相关的；它是灵动变幻的，又是遵从规律的；它是系统的，而非线性的。如果老师和家长们的思维依然停留在"大人教—小孩学"的线性模式中，那么就算能将这段话倒背如流，充其量也不过是为教育增添了一点文学色彩而已，线性思维的痼疾会不动声色地将它翻译为："教育是大树摇动小树，浓云推动淡云，强势灵魂唤醒弱势灵魂。"当人类贪婪的习性再给这段话加上"更大、更浓、更强势"，内卷就成了必然。

之所以内卷，是因为线性思维者的宇宙空间很小，看什么都是赛道，只有起点和终点。而系统思维者的宇宙空间则很大，因为看什么都是圆运动，不增不减、不胜不败、福祸相依。

比如，同样是选择国际教育，线性思维的父母往往更看重出口——孩子将来可以上世界名校，比参加国内高考更有优势；系统思维的父母则大多更在意过程——孩子的个性更适合在国际教育模式下发展，我希望他/她能始终保持独立思考和创新的能力。

线性思维的父母"信仰"线性的因果论，头脑中塞满了"因为A，所以B"的句式，所以在养育的过程中容易高兴得太早、失望得太急，活在"希望—绝望"的轮回里。

系统思维的父母，则笃信"塞翁失马，焉知非福"，面对养育过程的跌宕起伏和孩子状态的忽高忽低，更能够坦然处之、从容面对，并且相信成长是一种螺旋式上升过程，相信有的时候"退步原来是向前"。

系统思维能力，可以通过学习和训练来获得，而生活则是我们最好的教练。近千年前就有一位被生活"教练"出来的"极品爸爸"苏东坡，恰逢小儿子刚好降生3天（北宋习俗，孩子出生后3天需要洗身），于是即兴写下了这首《洗儿诗》"人皆养子望聪明，我被聪明误一生。唯愿孩儿愚且鲁，无灾无难到公卿。"这首诗，固然有文豪爸爸对自己坎坷境遇的隐喻和对无明世事的嘲讽，但同时又何尝不是撇去了名利浮沫后，对孩子最真的爱和对养育最深的哲思呢？

撇得去父母的名利浮沫，才看得见孩子的系统人生；看得见孩子的系统人生，才跳得出"越聪明越出息"的线性养育陷阱。不过，即使跳出思维陷阱，也不意味着人生就能更加如意，该经历的仍然要经历——被父亲深爱的苏遁，不到两岁便因病离世，叔父苏辙则写下《勉子瞻失干子二首》来悼念他，诗中说："人生本无有……变化违初心……弃置父子恩，长住旃檀林。"大意是：人生原本是无常而虚幻的，孩子的早逝有违父亲心意，但却使他得以脱离父子恩情的牵绊，(心无挂碍地)长久安居在更高层次的禅林净界。苏辙知道哥哥苏轼和他一样亲近佛法，所以用了佛学的系统生死观来完成这场九百多年前的"哀伤辅导"，在悼念侄儿的同时，也帮助哥哥从眼前的"父子关系"层面变焦到更宽广的关系层面来平复丧子之痛。读到最后一句，不知你有没有想到黎巴嫩诗人纪伯伦的那句至真之语——"你的孩子，其实不是你的孩子"？

"你的孩子，其实不是你的孩子"，我最早读到这首诗时自己也还是个15岁的大孩子，每天最喜欢的是放学路上逛书店，"逛"到纪伯伦的散文诗《先知沙与沫》时，我如获至宝，才翻了两页，就再也不舍得放下。《论爱》《论婚姻》《论孩子》……看起来似乎尚与年少的我无关，但书中的每字每句都能激起我强烈的共鸣，以至于过目不忘，几十年后还依然能一字不落地脱口而出，并常常加以引用，推荐给我的读者和听众们。而我最感谢的，是家中的长辈们——在那个物质匮乏的年代里，他们从来都不吝买书、买乐器、买各种益智玩具给孩子们。他们不仅从来不会阻止我们看"闲书"，而且主动为我们订阅了十几种"闲杂"读物，从《小朋友》《少年文艺》《啄木鸟》《儿童时代》《巨人》《萌芽》《十月》《诗刊》《童话大王》《连环画报》《读者文摘》，到《我们爱科学》《科学画报》《少年科学》《奥秘》《幽默大王》《世界知识画报》《中国少年报》《飞碟探索》《儿童计算机世界》……

不止是读杂书，长辈们还将所有他们觉得美好的活动都带给我们：散步、野餐、看电影、打水漂、放风筝、扔飞盘……1980年底，中央电视台开播第一部外国动画片《铁臂阿童木》，那时电视机还没有普及，每天晚饭后，妈妈就专门领着小小的我去她单位的播放厅"追剧"。半年后的一个周末，爸爸出差在外，妈妈带着我一口气把电视机和录音机都买了回来，说："娃娃需要放眼世界、面向未来。"

多年后聊到从前，母亲歉疚地说："你小时候，我的时间都给了学生，学习方面一点也没有指导过你。"我则拥抱着母亲说："您给我的可比学习上的指导要宝贵得多，我小时候看过的书、电影和动画片，玩过的游戏，到现在都'取之不尽，用之不竭'呢！"母亲说："那要感谢我的爸爸——你的外公。我小时候，他就是这样对我们的，也给我们订了很多杂志，其中就包括《小朋友》。"我这才知道：原来《小朋友》杂志只比外公小一岁，2022年满100岁的它，整整陪伴了我们三代人。我说："太宝贵了，那我也继续给圆子订阅吧？这样我们就可以'四代共读'了呢！"母亲说："也好。现在很多东西都变得太快，能给孩子一点不变的老的传承，也是不容易的……"

跟大家分享我的成长故事，是因为我在长辈们的系统养育观里获得了受益终身的财富，幸福与感恩常常让我花开满怀，让我觉得无论给出去多少"朵"都不嫌多。

作为曾经的孩子、现在的母亲、未来的外婆，作为心理教育工作者，我很希望我的分享能够穿越层叠岁月与千山万水，滋养更多的孩子；很希望我所得到的全部智慧与慈悲，都可以经由我的生命继续淙淙流淌与传播，因为我相信"善"的蝴蝶效应，相信无论时空如何更迭，生命之核心不会改变。

（写这段文字的时候，我正在常去的书店里面窗而坐，窗上有一行娟秀的小字："我要去有你的未来。"……想起父母去世后，我第一次来这家书店时，正值雨夜。落座、抬头，一眼瞥见"我要去有你的未来"，顿时泪眼婆娑。窗外，熟悉的街道还在，熟悉的建筑还在，熟悉的双层巴士和有轨电车来来往往，而我头一次意识到：我的未来，父母已不在……今日，坐在同样的位置，写着自己童年得到的所有宝贵的爱，望着身旁正在长大的圆子，我突然释怀了：其实，我的未来，父母及其他所有的长辈仍然一直都在——以他们生生不息的智慧与慈爱。而我和我们，也将会一直在圆子和"圆子"们的未来。在生命的大系统观中，我们彼此同在，但不相互占有，因为"你们的孩子，都不是你们的孩子/乃是生命为自己所渴望的儿女"。长辈们看见了大系统，所以对我始终在系统地养育，不会因为他们自己的经验而局限我，更不会剥夺我探索世界各个方面的热情和权利；我看见了大系统，所以当圆子有一天回家突然对我说"妈妈，不知道为什么，现在你说什么我都想反对"时，可以悠然自得地回答她——"恭喜你，你进入青春期了！从今以后，只要不是伤害自己、伤害别人或伤害世界的事，我说什么你都可以反对；不过呢，妈妈也提醒一下你：你妈我也进入更年期了，咱俩以后就互相多多包涵啦……"）

几十年后，重读纪伯伦，心中激荡的已经不只是共鸣，还有对长辈们深深的感恩。愿你与我一样，在这首诗里读到生命的大系统观。

论孩子

——纪·哈·纪伯伦：《先知》第四章

（冰心译）

你们的孩子，都不是你们的孩子，

乃是"生命"为自己所渴望的儿女。

他们是借你们而来，却不是从你们而来，

他们虽和你们同在，却不属于你们。

你们可以给他们爱，却不可以给他们思想。

因为他们有自己的思想。

你们可以荫庇他们的身体，却不能荫庇他们的灵魂。

因为他们的灵魂，是住在"明日"的宅中，那是你们在梦中也不能想见的。

你们可以努力去模仿他们，却不能使他们来像你们，

因为生命是不倒行的，也不与"昨日"一同停留。

你们是弓，你们的孩子是从弦上发出的生命的箭矢。

那射者在无穷之间看定了目标，也用神力将你们引满，使他的箭矢迅速而遥远地射了出来。

让你们在射者手中的"弯曲"成为喜乐吧。

因为他爱那飞出的箭，也爱了那静止的弓。

至于苏东坡，"与君世世为兄弟，更结来生未了因"。——三苏 (北宋文学家苏洵、苏轼、苏辙) 之间的父子情、兄弟情，也早已超越了家族系统和生死隔断，千年来，滋养着一代又一代人的心灵。

与全人而非完人相遇

苏东坡，是我25年来"合作"最多的古人——不论是写作、授课还是去电台、电视台做节目，谈到世界上最难认识的人是自己时，一句"不识庐山真面目，只缘身在此山中"，便抵得上洋洋洒洒数千言，因为这其实正是诗化了的系统观。而爸爸妈妈们之所以深陷育儿困扰之中，看不清自己，看不清孩子，也看不清未来，正是因为没有看见"此山"之外更大更完整的系统所在。比如，担心孩子玩耍耽误学习，却看不见玩耍的能力正好在抑郁横行的时代为孩子挡过生死之灾；生气孩子顶嘴叛逆，却看不见充分的青春期发育正是孩子顺利进入下一阶段人生的必由之路。

我在给家长们的讲座中经常会演示一张图片给大家看，图片上写着："白条纹的黑斑马和黑条纹的白斑马彼此世代为仇。"——其实，父母与青春期的孩子，常常就像"黑斑马与白斑马"，总是彼此看不顺眼，一不留神就结了仇怨，总想争辩出谁对谁错；然而只要冷静下来，站到"庐山"外看一看，就会发现其实如父如子，你中有我、我中有你，没有对错之分，只是角度差异，"横看成岭侧成峰"，仅此而已。

　　仅此而已的青春期，却让无数的家庭陷入困境，因为工作与生活的重压下早已焦虑不堪的爸爸妈妈，常常不由自主地退行到我在《生命教育7堂课》中提到的"执我"人格状态，任由贪嗔痴（即贪心、嗔恨、痴迷）左右自己，巴不得孩子是个永远让人省心的"完人"，别再给自己添烦添堵。由此一来，孩子身上的"条纹"就显得格外刺眼——除非，爸爸妈妈能够从对局部的过度关注中跳脱出来，以"斑马"的整个生命系统为背景，而不是纠结于"条纹"的存在。

　　事实上，恰恰是因为条纹的存在，斑马才成为斑马。虽然色素的缺失让它们做不成"白马"或者"黑马"，但这个看起来的小缺陷，却正好完美地保护了它们免受吸血蚊蝇的叮咬。

　　每当讲到这里，讲座现场的家长们就会一边若有所思，一边轻轻点头，而我会接着总结说："所以，很多时候我们以为是问题的'问题'，其实都是有功能的。如果总是把它们当作问题，想要消灭它们，那我们就会要么陷入西西弗推石头式的无效努力与耗竭之中，要么则会感到百般无奈、万念俱灰，活得抑郁而绝望。假如我们换个视角，把问题看作特征，试着去看看其背后的功能和意义，结果会有什么不同呢？"

有一位爸爸说:"嗯,比如我儿子,以前我总觉得他跟我顶嘴是个大问题,总是忍不住火冒三丈。现在想想明白了:对他来说,跟老爸顶嘴是有功能的——这样他以后才不会轻易屈服于权威啊!这么一想,嘿,我居然还有点高兴了!"

另一位妈妈也抢着说:"对对对,我之前总觉得我家娃不求上进,拿得一手好牌却不好好打,明明很多方面都可以做得更好,她却偏偏认为'差不多就行,没必要样样争第一'。我一直觉得这是她的问题,想了各种办法激励她、改变她,但结果是她没变,我却变得越来越焦虑了。现在想想,对呀,这其实是孩子的一个特点,这个特点的功能和意义说不定就是在保护她,让她远离抑郁、远离嫉妒带来的伤害呢!"

每当有爸爸妈妈分享自己的心得时,现场总会响起热烈的掌声,因为每一位父母其实都有着"慧性自我"(见《生命教育7堂课》)的存在。放下育儿的焦虑和功利,从孩子的整个生命系统来重新看"问题",每个"慧我"就会渐渐醒来,彼此之间产生深层的联结和共鸣,爸爸妈妈会在心底里说:"原来还可以这样想!"

从整个生命系统着眼,父母才能看到孩子的"全人"而非"完人",才不会期待孩子像"飞跃疯人院"一样"飞跃青春期"；而家，也才不会总是充斥着父母疲惫烦躁的表情、河东狮吼的声音和孩子生无可恋的情绪。

学习系统地看问题，才能看到问题的功能和意义，也才不会高兴得太早、失望得太快。

一次讲座现场，来了一对母子，母亲美丽端庄，儿子深沉儒雅。两人坐在第一排，听得非常入神，还认真做着笔记。当我邀请大家做"倾听与共情"游戏时，母子俩卡住了。妈妈说："我儿子从小到大都很乖很乖，学习一直名列前茅，不管我们多严厉，他都从不说一个'不'字。可是，眼看要初三了，他却突然不想去学校了……现在医生诊断说是抑郁，正在住院治疗……我读了您的《给孩子一生的安全感》和《生命教育7堂课》，知道了自己以前的做法对孩子有太多的伤害，我已经在不断改正自己，但他什么都不跟我说，我该怎么与他共情呢？"

我俯身望着孩子的眼睛，伸出手去，说："你好，谢谢你把妈妈带到了这里，我可以和你握握手吗？"

孩子点点头，也伸出手来。我轻轻握住他的手，说："林老师见过很多跟你差不多大的孩子，他们也不太愿意跟爸爸妈妈说心里话，因为觉得说了他们也不懂，你是不是也有这个担心呢？"

孩子的眼睛里闪过一道光，重重地点了点头。

我转头望向妈妈，问："您觉得当一个人有很多心里话，却觉得无处诉说、无人懂得自己时，他会感觉到什么呢？"

妈妈想了想，说："孤独？"

我问孩子："对吗？"

孩子仿佛被击中了一般，身体微微震颤了一下，深深地点头。

我对妈妈说："现在，您可不可以看着孩子，直接告诉他：'妈妈感受到了你的孤独？'"

妈妈转过身望着孩子，眼睛湿润、声音微颤地说："妈妈现在感受到了你心里的孤独……"

孩子的眼睛也湿润了，我把他的手交到妈妈手里，微微用力地握了握母子俩的手，继续问孩子："现在，你有什么感觉呢？"

孩子说："感觉到我妈好像懂我一点了。"

妈妈感激地说："谢谢您，我明白该怎么共情了。"

我真诚地说："我们一起感谢孩子吧，是他用承受生病之苦的方式唤醒了大人，给了大人反思和成长的机会。"

这句话，不止说给这对母子，也说给所有生病的孩子以及他们的父母。在我看来，很多"躺平"、抑郁、拒绝去学校的孩子，其实都是充满灵性的先知先觉者，他们不甘心生命被无休止地压榨，不愿意只是为了功利的目标而活，渴望活出真实的意义和生命品质，想要为焦虑到接近疯狂的、危险的成人世界按下暂停键。从这个角度来说，他们是拯救人类心灵的孤勇者：

……

爱你孤身走暗巷

爱你不跪的模样

……

战吗　战啊　以最卑微的梦

致那黑夜中的呜咽与怒吼

谁说站在光里的才算英雄

……

谁说站在光里的才算英雄？——孩子们心底里的声音，但愿更多的爸爸妈妈能够听得懂，而听懂的密钥，就在系统养育观里。

说来有趣,"古人不见今时月,今月曾经照古人"——苏东坡的祖父及父母虽然没有听过歌曲《孤勇者》,但他们早在千年前就已经成功地践行着"系统养育观",培养出了至今仍在滋养人类心灵的旷世奇才。

先说苏东坡的祖父苏序。

苏序老先生虽然没像儿孙一样名垂青史,但也爱读书作诗、呼朋唤友。在儿子苏洵眼里,他是"表里洞达、豁然伟人";在孙子苏东坡眼里,他"疏达不羁"。他的开阔胸襟、慷慨气度和豁达乐观的人格力量,都通过家庭文化和家风家教,不折不扣地传承给了子孙,尤其在苏东坡身上表现得淋漓尽致。

苏序有三个儿子,"幺儿"苏洵小时候不爱读书,两个哥哥都考中了进士,他却屡战屡败。不过,父亲苏序既不"内卷"也不"鸡娃",他始终选择相信和包容儿子,并且在苏洵27岁幡然醒悟、发愤学习时鼎力支持,而不是冷嘲热讽。

苏序之所以如此淡定,是因为在他来看,读书不是死读书、读死书,而是要"读大义",读完要能担大义;作诗词,也不是卖弄辞藻、故作风雅,而是要直抒胸襟、挥洒心志。

再说父亲苏洵。

关于苏洵，也许你所知不多。但假如你也像许多父母一样，"逼"孩子很小就背诵《三字经》的话，不知是否注意到其中那句："苏老泉，二十七，始发愤，读书籍。"——苏老泉，正是苏洵，而他27岁发愤那年，正是儿子苏东坡出生之时。

儿子出生了，苏洵"醒"来了。他开始和苏序一样，不"鸡娃"，"鸡"自己——不再散漫，潜心修学，勤于笔耕，在自我实现的同时，不知不觉就完成了"行为世范"，给儿子们做出了榜样，甚至载入史册，成了别人家父母激励孩子发愤的典范。（不过，"别人家父母"们，只拿苏老泉激励孩子却不激励自己，是不是有些本末倒置、"鸡"错了方向呢？）

虽然不"鸡娃"，但苏洵只要在家，就会带着儿子们一起读书，相互启发，深入研究和探讨，享受学习的乐趣。最后，父子三人共同赴京赶考，传为千古佳话。

文史学家考证说，苏家祖孙三代，性格各有不同。苏洵、苏辙父子二人沉稳内敛，所以苏轼写弟弟"念子似先君，木讷刚且静"；而苏序、苏轼祖孙二人则外向开朗，有话就说。对于两个儿子的不同性格，苏洵既不厚此薄彼，也不要求两个儿子都像自己，他包容儿子们个性发展的差异，不拿两个孩子做好坏对比。在他的保护之下，"兄弟系统"和各自的人格都得到了最大化的健康且积极的发展，两兄弟也成了中国历史上兄弟友爱的典范。《宋史·苏辙传》说："辙与兄进退出处，无不相同，患难之中，友爱弥笃，无少怨尤，近古罕见。"

说到苏轼、苏辙两兄弟，总是令人感怀不已。

林语堂先生说：往往为了子由（苏辙），苏轼能写出最好的诗来。最好的诗，来自最深的情谊。有了深情，才有了"但愿人长久，千里共婵娟"，也才有了"与君世世为兄弟，再结来生未了因"。这些诗，不仅是作品，更是兄弟二人风雨一生中的"抑郁解药"和内在安全感的现实支撑，让他们相扶相携、甘苦与共，共同实现了人格的圆满。

人格，在我的理论体系中，是一个毕生发展的系统，而不是因素堆砌的标签。

这些年，我常常被媒体和父母们追着询问"有了二胎，怎样才能安大宝的心？""现在的孩子，为什么那么自私，见不得父母对弟弟妹妹好？"，而我，总是以问代答说："请问：作为大人，我们的教育教会孩子们更多的是竞争还是深情？"

事实上，从家庭到学校，当孩子们始终活在对比和唯一的好坏标准之中时，这世上最宝贵的精神财富——对人对事的深情——便被践踏到了尘泥最底处。在短平快的急功近利影响下，大人缺失了系统养育观下由此及彼的深情，生命便只能越活越狭隘，越发陷入线性思维带来的非此即彼的绝境之中。

绝境之中，每个孩子都会感觉到孤独，所以连幼儿园的小朋友都在高声唱着《孤勇者》；每个孤独的孩子长大后，又身不由己地成为新一轮孤独的缔造者，即使AI遍野，心灵却凄凉难耐，所以越来越多觉醒的孩子在发出灵魂的叩问："活着有什么意义？"

这个问题，值得每一位大人日日三省，我也不例外。

女儿圆子12岁时，有一次晚餐，我们一边享用美食，一边东拉西扯，不知怎么，突然就聊到了梦想。

我说："我觉得人还是要有些梦想，这辈子才不会过得太无聊。"

圆子立刻反驳："不会呀，我就没有梦想，我也不觉得无聊。"

我瞪大眼睛盯着她，甚是惊讶："你？你不是从小就梦想着做设计师吗？"

圆子不屑地说："那是小时候不懂事，我现在长大了，我的梦想就是没有梦想。没有梦想，就少了百分之五十的抑郁概率，妈妈，你应该庆幸！"

我忍不住哈哈大笑，边笑边问："谁告诉你的？听上去你好像比我还像个心理学家！"

圆子说："本来嘛！有梦想的人比没有梦想的人更容易抑郁，你想呀——那些抑郁的人，不都是因为梦想没有实现吗？"

我停住了笑，一边认真思考，一边开启了"圆桌讨论"模式，很官方、很尊敬地回应圆子："谢谢你给了我新的视角来思考'抑郁'这件事。也许可以这么说：梦想本身其实是预防和抵抗抑郁的好东西，但世界上很多人把目标和梦想混淆了。有一些人会因为目标没有实现而抑郁，原因是他们把自己的价值等同于目标本身了，觉得如果没有实现，自己就是失败的；也有一些人，他们的梦想比目标更远一点点，而且会为了梦想而调整目标，无论眼前的目标有没有实现，都会一直充满激情、朝着梦想而努力，他们很享受这个过程本身，而不是只觉得目标实现那一刻才有意义，为梦想而努力的自己已经足够让他们喜欢了，所以不会为眼前的结果来定义自己的价值，也就不会因此而抑郁……"

一向号称"ETC自动抬杠机"的圆子，这回居然没有反驳我，只见她若有所思地点点头，深入浅出地总结道："就是说，比如那些想考清华北大的人，有的没考上也不抑郁，因为清华北大是他的目标而不是他的梦想，他的梦想可能是当个物理学家，那读别的学校也可以呀……也有的人，考上了清华北大，结果还是抑郁了，因为他只有目标，没有梦想，这个目标实现了，下个目标还没找到，所以就感觉不到他自己的价值了……是不是这样？"

我忍不住"左手为文、右手为武"地冲她抱了一个标准的拳，朗声道："真是'长江后浪推前浪''青出于蓝而胜于蓝'，请受我一拜！"

圆子一副宠辱不惊的样子，轻描淡写地说："我是'胜于紫'，不是'胜于蓝'。"

我连忙趁热打铁："那，'胜于紫'同学，现在你要不要还是有一两个梦想呢？"

圆子说:"妈妈你怎么像个思维导图似的?说来说去还是导到我这里……你是不是特想我帮你喊句口号:'有梦想,不抑郁?'"

我学着她的口气,"网里网气"地说:"哎,就是玩!"

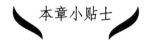

本章小贴士

碎片式父母养育不出完整的孩子。所以,爸爸妈妈们需要学习突破线性思维局限,拓展系统思维能力,与孩子的全人而非完人相遇。这,就是系统养育观形成的开始。

亲子作业

1. 请找个不被打扰的时间，放下手机，静静地自己待一会儿，问问自己：从小到大，对你影响最深的一首诗、一句话、一段故事或者一个人，你还记得吗？

2. 请找个不被打扰的时间，放下手机，静静地与孩子待一会儿，告诉孩子：从小到大，对你影响最深的一首诗、一句话、一段故事或者一个人，这些是如何帮助你面对人生甘苦、回答"活着的意义"这个问题的？

3. 与孩子拥抱或握手，感谢他/她的聆听，更感谢他/她与你同在生命的大系统里。

第二章

生命的系统观，拯救碎片化养育

　　要想与"全人"而非"完人"相遇，父母需要建立系统的养育观。而系统养育观，首先来自生命的系统观。

　　什么是生命的系统观呢？比如，对盲人来说，眼睛的视觉功能虽然有所缺失，但耳朵的听觉功能却因此变得更为强大和灵敏了；一个头痛、牙痛或胃痛的人，病因却可能在心脏；感冒发烧虽然难受，但却恰恰说明身体正在进行自我保护……再比如，"活着千年不死，死后千年不倒，倒后千年不腐"的胡杨树，靠根系来繁殖后代，一棵棵根系相连，只要有一棵能吸收到水分，其他树就可以共享，靠近水源的胡杨则会为其他胡杨输送水分……

　　对没有亲眼见过胡杨的人来说，它们或许只是文字和图片上的沙漠传说；而对于和我一样在胡杨身边长大的人，它们也是我们生命系统的一部分，生长在我们的童年世界里，也生长在我们的心里，源源不断地为我们输送着生命的力量和养分。

　　我更喜欢举一个植物的例子，是奇楠。奇楠作为极品沉香，可以安神、定气、养身、除秽，而它独一无二的优雅香气，只要闻过就永生难忘。有人把它称为"生命中最好的香"，从古至今，无数人为之着迷。如此治愈身心的奇楠香，却只有树身在经历受伤—感染—自愈的过程之后，才有可能结出。所以，达摩祖师说："佛在心中，如香在树中。烦恼若尽，佛从心出。腐朽若尽，香从树出。"

香从树出，所以香是树的生命系统的潜在部分。"伤害"，从另一个角度来说，就变成了激活生命潜能的力量；同样，佛从心出，"佛"——觉悟了的人，也是人的生命系统的潜在部分，需要靠"烦恼"来激活它，因此"烦恼即菩提（智慧）"，真实不虚。

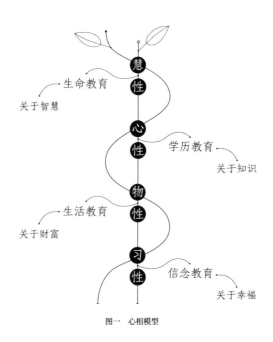

图一　心相模型

　　有了这样的生命系统观，你或许会和我一样发现：所有的事到最后都是好事，如果不够好，说明还没到最后。

　　生命的另一个系统观，来自我在《生命教育7堂课》中提出的系统人格理论。

　　为了帮助大家理解，我仍然用"心相模型"来加以说明。

　　系统人格理论，是指将人的人格结构与发展视为有机和动态的螺旋上升系统，而非机械性的因素组合及从不成熟到成熟之线性运动结果的理论（林紫，2013）。与西方心理学各流派的传统人格理论不同，系统人格论不主张标准化的类型划分，不强调孤立片面的人格特质，也不作非此即彼的二元对立描述。

　　系统人格论认为，我们以"人"的方式所展现的生命，是由习性、物性、心性和慧性四个部分组成的，分别对应"执我、物我、心我和慧我"四个人格层面。

　　习性，指我们将自己称为"人"，在与同类和其他物种及外部世界之间互动时所体现出来的本质特性，包括贪婪、嗔恨、愚痴、傲慢、怀疑这"五毒"，是人类全部烦恼的来源。它们源于人类的执念，比如"这是我该得的，那是我不该受的"等想法。被这些习性主宰的"我"，叫作"执我"，它是系统人格的最底层部分。如果被养育过程中，"执我"得到良好的管理，整个人格系统就能更"丝滑"顺畅地螺旋式上升。

物性，指的是以身体的形式存在的、能够被看见和触碰的生命属性。物性对应的人格层面叫作"物我"。如果被养育过程中，这个层面得到充分的发展和照顾，整个人格系统就会更有力量。

心性，是指以情感和思维的形式存在的、无法直接被看见和触碰的生命属性，对应的人格层面叫"心我"。"执我"来自人类物种的遗传，"物我"来自父母精血的创造，"心我"则来自各种关系的构建。如果被养育过程中，关系给予"心我"足够的安全、肯定和温暖，整个人格系统则会更有弹性和包容度。

慧性，是指以超越时间和空间的形式存在，不受物种和形态限制的、与天地万物发生感应的生命属性，对应的人格层面叫"慧我"。"慧我"如果得到良好的养育和保护，将能由内而外地照亮习性、穿透物性、指引心性，并自下而上地托载"执我"、激活"物我"、调伏"心我"。整个人格系统也将在"慧我"的引领下生生不息地螺旋上升、融入更大的系统中，迈向圆满。

对宇宙大系统来说，人是个小系统。"慧我"强大的人，人格向上螺旋；"执我"强大的人，人格则向下螺旋。向上的圆满状态，是天人合一；向下的极端状态，则孤立无援、陷入绝境。处在绝对上和绝对下的人，凤毛麟角，少之又少，我们多数人终其一生都在人格系统的螺旋式发展中上上下下。每当发展到一定阶段，觉得自己更成熟更有力量了，往往就会出现一些新的挑战，让人进进退退一番后再重新站定，然后继续螺旋上升到下一阶段。

我的一位来访者，曾经亲眼目睹小狗被车撞死的过程，出现了创伤后应激障碍(PTSD)反应。通过一个阶段的咨询辅导，她的症状逐渐得到缓解。结束咨询后我送她出门，刚走到小区花坛处，突然窜出一只小狗，直冲她而来。毫无防备的她吓得大叫，下意识地就朝我身后躲。我身体半俯，开始跟小狗对话："乖乖，你好呀，想找我们玩吗？你叫什么名字呢？"

"仔仔。"小狗的主人正好跟了过来，笑眯眯地回复。

不等我开口，躲在我身后的来访者轻声地接话了："仔仔？这个名字有点好听。"

我微笑转身，冲她点点头，说："是的，当你准备好了，仔仔就出现了。刚才吓了一跳，现在的感觉怎么样？"

她说："嗯，咨询结束的时候，我以为我不会再怕了，但仔仔突然出现，我还是怕了一下，然后我发现我能像您说的一样，'退一步，站定了'，所以现在感觉更有力量再向前跨一步了。"

不只是这位来访者，我们每个人，如果有时间静下心来细细梳理过往的人生经历，恐怕都不难发现："老天爷"这个大系统，对我们真是很仁慈，它总是在我们拥有一些力量后，突然安排一个与之匹配的挑战来对我们加以试炼，经过试炼后我们拥有的力量，更强大、更能支持我们继续螺旋向上发展。

换个角度来看，我们能遇到的所有挑战和困难，其实都是与我们的能力相匹配的。能力越强，挑战越大；反过来说，挑战越大，说明我们的能力也越强——当我们以这样的系统观来理解自己当下的处境时，会不会觉得顿时释然？

每每讲到这里，我总会忍不住分享苏东坡和佛印禅师斗法的趣事：八风吹不动，一屁过江来。

佛印禅师是苏东坡的好朋友，二人经常斗法，但输的总是苏东坡，他颇不服气。有一天，苏东坡突然觉得自己开悟了，于是写下四句诗形容自己已达到的境界："稽首天中天，毫光照大千。八风吹不动，端坐紫金莲。"写完得意扬扬，命书童火速送给江对岸的佛印禅师看。苏东坡满心以为佛印这次会对自己大加赞赏，没想到书童带回来的佛印回函上只有两个字：放屁。

苏东坡怒不可遏，立即亲自去找佛印理论。佛印见到他，不慌不忙，笑呵呵地说道："八风吹不动，一屁过江来。"苏东坡这才恍然大悟，再次甘拜下风。因为他以为自己已经超越了"称赞、讥讽、诋毁、荣誉、利益、衰败、苦恼、快乐"这八风的影响，人格发展到了天人合一的开悟境界，却没想到一个"屁"字，就把自己又"打回了原形"，只好重头再来，继续修行。

这个故事，我在孩提时代就读过，一直将它当作自己精神世界"压箱底"的宝物。每每心中的宁静被人被事扰动时，就会暗暗自嘲："哈哈，又'过江'了，说明定力还不够，需要继续努力！"

借着这样的提醒，我越来越能清晰地看见自己人格系统的螺旋运行，看见自己的自以为是与理想境界之间的差距，也看见自己在不断进步、不断收获成长的喜悦。

很多父母，常常跟我和苏东坡一样，本以为自己早已"修炼"到大度能容、处变不惊的地步了，结果孩子一有点风吹草动，自己立即就又"现了原形"。当父母能够从系统角度看到自己的问题，而不是孩子的问题时，家庭教育中许多的亲子冲突就迎刃而解了。

后面的几个章节中，我将跟大家一起探讨如何带着系统观来分别养育"执我、物我、心我和慧我"。当你读完整本书，我希望你和所有现场听讲的爸爸妈妈一样，可以先给自己一个大大的拥抱，感谢自己的"四我"在过往的岁月中，像兄弟姐妹一样，相互拉拉扯扯、吵吵闹闹、羁羁绊绊，但又彼此牵挂、相扶相携地一路向前；感谢那些让我们在人格发展道路上螺旋上下的人间世事，此去经年，所有的经历都将成为我们自我养育和养儿育女的无上资源。

一位爱好文学的单亲妈妈，对民间的"签诗"很感兴趣。有一段时间，她因为与青春期的女儿发生激烈冲突而前来咨询，我给她留了一份家庭作业：绘制一份自己和女儿的"四我全息图"，每次咨询结束后完成一部分，到整个咨询结案时再来交作业。

最后一次咨询时，她不仅带来了作业，还带来了一首抄写得工工整整的签诗，按捺不住喜悦地跟我分享——

天地变通万物全，

自荣自养自安然。

生罗万象皆精彩，

事事如心谢圣贤。

她说："林老师，我现在明白什么叫系统养育了。我和女儿既是两套独立的人格系统，又构成了一个亲子人格系统，而这个系统，其实是整个天地系统的一部分。从这个角度再来看之前那些让我生气的事，我不但不再气了，甚至觉得有点好笑……就像这首签诗所写，天地和合万物俱全，各有各的精彩之道，有什么好着急的呢？感谢您让我受益终身，咨询解决的不只是我和女儿之间的关系问题，更解决了我自己'四我'之间的关系问题，这可是人一生的课题。"

我笑着点头，顺着她的话说："我们一起来感谢天地大系统这位'圣贤'吧！一切课题的答案，它早已透过森罗万象示现给我们了，生而为人，螺旋上升吧。"

同样的作业，我也在后面的章节留给你。天地之间，我们都是彼此的时空伴随者，各自独立又互为系统的一部分。所有的人与事，都是为了让我们成为更好的自己。愿你完成所有的作业、合上书本的时候，可以像这位妈妈一样，微笑着伸一个美美的懒腰，感受到自己与孩子一起——如花在野，自荣自养自安然。

育儿即育己, 陪伴"四我"共生长

我在《生命教育7堂课》中写过一句话:"陪伴孩子的痛苦, 比陪伴孩子的快乐更不易, 但却更重要。"

这句话, 是我从事心理咨询工作25年来最想给爸爸妈妈们的提醒之一。太多的父母, 孩子已经因抑郁症或双相情感障碍等心理疾病住院治疗了, 他们问的最多的却仍然是:"他/她什么时候能出院? 马上就要考试了!"

一个从本科到研究生阶段频繁发生危机又不断被大家挽救回来的男孩, 爸爸虽然是医生, 但仍然无法理解孩子的痛苦。一次电话咨询时, 咨询师正在指导男孩如何包扎刚刚割破的手腕, 就听见爸爸在电话那头"砰砰砰"地捶着他房间门大吼:"你说你病了, 你到底哪里病了? 你有本事出来告诉我!"

在"2023年度林紫义工匠心培养工作坊"里, 我跟大家分享了一个刚刚发生的小故事。在为大家准备工作坊教具时, 我遇到了一位年轻的网店店主。当他听我说购买的教具与解决青少年心理问题有关时, 以为我就是遇到问题的青少年, 竟然立即对我这个才交流了几句话的陌生人完全打开了心扉, 关切而真诚地在对话框里写道:

"我也曾经历过心理问题的折磨，你现在遇到的是什么问题呢？也许我的经历可以帮到你。"

我既感动又心疼，隔空拥抱了他，在表达感谢的同时告诉他我是心理老师，如果他需要帮助，可以随时告诉我。这位可爱的不知性别的店主说："9年了，从初三就开始了，痛不欲生，咬牙忍，我一次次把自己从死亡边缘拉回来……"

我轻轻问："你的痛苦，爸爸妈妈知道吗？"

店主想也不想回答说："他们不知道，完全不知道，不可能让他们知道。如果让他们知道了，不但不会帮我，还会变本加厉指责我，说不定我现在早已经不在这个世界上了……"

参加工作坊的义工们静静地听着，一颗颗晶莹的泪珠从一张张温暖的面庞上滑落。我说："从25年前的'知心姐姐'做到25年后的'知心妈妈'，这就是我渴望与大家一起，共同陪伴孩子们的原因。"

还记得我在前言里提到的那位不会走路的小女孩吗？事实上，每个孩子都曾想要"好好走"，都曾想要做最好的自己，只是当他们被碎片化为一堆一堆的问题、当他们被质疑到连自己也不相信自己时就会走向反面，用"不想"来表达恐惧和绝望，或者达成一个个被忽视的渴望。

每一个问题都是一次求助，只是父母们常常听不懂，所以错过了系统改善的最佳时机，以至于越来越多的孩子不惜付出生命的代价，逃离这段令彼此痛苦的亲子关系。

遗憾的是，即使生命已逝，不少父母仍然没有意识到自己本身就是孩子成长系统的一部分，而且是先出问题的那部分。

这些年，我也常常被碎片化——那些基于系统思考、实践案例和人性哲学而提出的育儿观念和心理学命题，会突然在某一天，被某些专家学者或者家长"兜售"回来，在哑然失笑的同时我发现：兜售回来的概念，因为支离破碎，早已背离了我当初提出它们的本意。比如关于"陪伴"，是在汶川地震援助之后，一家育儿杂志对我进行封面人物专访时我基于援助中对孩子们的陪伴所产生的影响和意义而提出的，强调的是与孩子身心同频。而现在，大家谈到"陪伴孩子成长"，更多的则只是在谈外部时间和空间的共享，却忽略了真正有意义的内在系统的协调。

所以，是时候以专业与爱来穿针引线，帮助大家将各种碎片加以整理和缝合，梳理出各个碎片之间的逻辑关联，形成每对父母自己的育儿观，而不再是复制粘贴、人云亦云却又不知所云。

陪伴，意味着参与到孩子"执我、物我、心我和慧我"每一部分生命的发展中，而不仅仅关注其中某一个"我"。参与，是互动，是彼此看见，而不是控制和占有。

有一位45岁的"高龄妈妈"，生下二胎宝宝后格外欢喜，也格外用心，决定"不惜一切代价"培养出一个比大儿子更优秀的孩子。她说："当年大宝出生时，我又年轻又忙碌，方方面面没做好的事情太多了。现在二宝给了我这个机会，我一定要给他尽可能完美的家庭教育！"

我问她："什么是完美的家庭教育呢？"

她充满求知欲地望着我，恳切地说："我就是来您这里找答案的，只要您告诉我该怎么做，我一定坚决照办！"

我笑了，摇着头说："抱歉，我给不了您答案，因为在我看来，这世上不存在完美的家庭教育，就像不存在完美的父母和完美的孩子一样。家庭教育也是遗憾的艺术，如果您愿意接纳局部的遗憾，也许我们可以一起来探讨如何创造系统的圆满。"

妈妈本来一副摩拳擦掌、蓄势待发的样子，听了我的话，身体突然柔软了下来，像卸下了厚重的铠甲。她把原本挺直的背靠在了沙发上，一手托腮、若有所思地说："哦，原来是这样……我愿意接纳遗憾，创造圆满……不过，圆满和完美不是一回事吗？"

我又摇摇头，回答她："圆满是动态的平衡，是开放的过程；完美是静态的停顿，是封闭的结果。创造系统的圆满，是指'风物长宜放眼量'——用一生的长度来评量眼前的得失，比如：放过孩子偶尔的偷懒，培养他的松弛感；允许孩子有负面情绪，锻炼他做真实自我的勇气。"

妈妈眼睛红了，说："您说到我的根本问题了……我就是缺少松弛感，缺少做真实自我的勇气……"

我轻轻抽了一张纸巾递给她，接着她的话说："育儿即育己，感谢孩子们给了我们机会，让我们陪着他们一起'长大'吧。"

不仅是这位妈妈，上海书展期间我的《给孩子一生的安全感》图书签售会现场，一位7岁的小妹妹在听完我的分享后，第一个抢过话筒勇敢发言，"控告"她的爸爸就像我书里写到的爸爸妈妈一样，总是催她"快点、快点"，吃饭催、写作业催、睡觉催、逛动物园的时候也催。小妹妹说："我想好好观察小动物，观察也是一种学习呀，但爸爸不让我学习！"在座所有的听众都笑了，接着爆发出一阵热烈的掌声。我把话筒递给小妹妹的爸爸，问他有没有什么话要跟女儿讲。爸爸不好意思地挠挠头，看着女儿，心有不甘地说："爸爸总是催你，是爸爸不对，但那也是为你好啊！你现在不学会抓紧时间，以后任务更多了，怎么办？"

"以后怎么办？"——这是大多数爸爸妈妈内心深处的经典独白。正是这句充满焦虑的独白，让陪伴变成了监控，亲子关系变成了"警匪关系"。

孩子就像一面镜子，照得见父母内心最深处，那里有许多的焦虑和担忧，其实无关孩子，而是关乎自己。因为自己不敢放松，所以不敢让孩子放松；因为自己追求完美，所以总觉得孩子还不够好……

父母与孩子是一个系统。父母对孩子的不接纳，往往源于对自己的不接纳。当看见孩子身上的一些表现时，其实父母可以反观自己。

一次，一位妈妈对我说："我孩子总是乱发脾气、乱扔东西！"

我问她："你们家里还有谁会这样呢？"

这位妈妈不好意思地笑了："我自己就是这样的！"

同理，如果想要孩子变成什么样，那么父母自己就要先成为什么样。育儿，其实也是父母自我养育的过程。

在《给孩子一生的安全感》这本书里，我说："缺乏安全感的父母，很难养育出有安全感的孩子。"

很多父母在读到这本书前，并没有意识到自己其实一直处于"伪安全"的心理状态中——

他们把安全感建立在控制之上，无论孩子多大，都需要他们唯命是从。

他们把安全感建立在追求完美之上，过度地在乎别人的看法，导致孩子紧张、退缩，甚至患上进食障碍或强迫症等心理疾病。

他们把安全感建立在过度防御上，觉得这个世界没有一个好人，没有一件好事，于是孩子也对世界满怀敌意。

他们把安全感建立在工作上，于是变成了工作狂，不断通过外在的获得来肯定自己的价值，陪伴孩子对他们来说就像在浪费时间，所以孩子情感缺失、性格冷漠……

每个人都有自己的原生家庭系统，每个家庭系统都各有各的缺憾乃至创伤。孩子的到来，给了我们机会重新梳理自己的成长经历，看见原生家庭对自己性格特征、行为模式、人际关系等的影响，也看见自己可能有的童年创伤。看见，这是疗愈的开始，而最好的疗愈，是成长。

与孩子一同成长，意味着我们也将重新认识和梳理自己的"执我""物我""心我""慧我"，看一看在每个人格层面上我们能为自己做点什么。后面的章节里，我们将一一练习，享受育儿育己、螺旋向上的乐趣。

与孩子了了分明地相遇

有一次，在林紫机构举办的心理沙龙上，一位哈佛心理研究员跟大家分享了关于母婴关系的话题，谈到"母爱究竟有没有条件"的时候，全场炸开了锅，妈妈们分成两派。

一派坚持"无条件的爱"，一派则坚持"不可能无条件"。

理由是：没有一个妈妈不对孩子有期待——谁不期待自己的孩子健康快乐、一生幸福呢？有了期待，就一定会有要求，不仅对孩子，甚至对孩子未来的另一半，妈妈们都有自己的条件！

僵持不下的时候，一位妈妈"挺身而出"，现身说法："我一直以为自己可以无条件接受，可是一件事让我开始反思：我儿子6岁，喜欢看相亲节目，而且给自己选了一个很强势的女嘉宾。我当时就晕了，那样的儿媳妇，我可接受不了，我要的是'温良恭俭让'！后来仔细一想，发现那个嘉宾身上有我自己的影子……所以，我现在想明白了——要什么样的儿媳，我现在就得做什么样的妈！做不到'无条件的爱'，就得先有条件地要求自己温良恭俭让，得从我自己开始啊……"

全场哄笑，然后报以热烈的掌声。

要什么样的儿媳，做什么样的妈妈——这或许是心理学中家庭系统理论最"入世"的阐释。

在25年的心理咨询工作中，我遇见太多"家庭不幸的轮回"——那个曾经在父母不愉快的婚姻中长大，并且发誓绝不找父亲或母亲那样伴侣的女生或男生，结果几乎无一例外地都或嫁或娶了像极父亲或母亲的人，然后无一例外地重复着父母那样不愉快的婚姻。一位绝望的女子说："简直就好像是中了什么魔咒！"

其实，没有什么魔咒，只有家庭的心理系统在作祟。由父母的婚姻而产生的"原生家庭"，无论我们喜欢与否，都不可避免地受到它的影响，如果成年后没有觉察和处理，便会带着这种影响来组建自己的家庭，并且毫无觉察地重复他们相处的模式。

我们越是极力抵触的，就越有可能成为我们最熟悉和印象最深刻的；选择异性时，这些部分就会鬼使神差地跳出来，以超越理性的力量促使我们做出"错"的选择。

所以，期待孩子幸福的父母们、不想今后陷入婆媳矛盾的未来的婆婆们，需要先揽"镜"自照，在孩子这面明镜里不断自我觉察，厘清自己每个"我"的样貌，然后了了分明地与孩子相遇。

父母看得见自己，才能看得见孩子；父母自己的生命系统越清澈，孩子的生命系统也才能越清澈、越有力，因为"问渠哪得清如许，为有源头活水来"。

当父母具备了系统养育观，就会看见：家庭是一个系统，就像机器一样，任何一个零件的变化都会导致整部机器的运转发生改变。所以，孩子的问题往往是整个家庭系统问题的反映。当孩子出现问题时，父母就不再会头痛医头、脚痛医脚，更不会失控抓狂，而是会把问题当作成长的契机和线索。

系统的养育观，就是当孩子出现问题时，看看整个家庭系统发生了什么。

比如，"啃老"男孩的背后可能有一个强势的母亲，想要控制一切。为了满足妈妈，儿子往往变得极度顺从和依赖，心里的潜台词是"既然妈妈永远是对的，那我这一辈子就交给她了"。强势妈妈和啃老儿子形成了一个自我平衡的系统，如果抛开这个系统去单方面指责儿子的啃老，是毫无意义且于事无补的。

再比如，当家里有了二宝后，年幼的大宝可能会出现各种各样的问题。有的大宝已经上幼儿园或小学了，却突然出现尿床、啃手指等退行现象，有的还会打人，尤其是打二宝。同样，如果这时抛开家庭系统去纠正孩子的尿床、打人行为，批评和指责孩子"不懂事"，显然解决不了任何问题。系统养育观会帮助父母看到：大宝真正需要的，是父母用更多的关爱来化解自己心中"爸妈不爱我"的担忧。

还有一种情况是，当家庭系统出现问题时，孩子会有意无意地用一些办法来平衡家庭系统，维系父母的关系。有一对父母晚上冷战，虽然他们没有争吵，也没有当着儿子的面抱怨，但是奇怪的一幕发生了：原本已经分床睡的6岁的儿子突然抱着小枕头跑过来，坚持要和父母一起睡觉，无论怎么劝都不肯离开。而在一起哄孩子睡觉的过程中，这对夫妻被迫开口说话，结束冷战，缓和了关系。

为了缓解父母之间的矛盾、转移父母的注意力，孩子会表现出各种各样的问题，包括厌学、逃学、莫名其妙地生病等等。原因如出一辙："当我出现问题了，你们的冲突就会少一些，会来一起关心我，这样你们就不会分开了。"

所以，只有改善和平衡家庭系统，找到问题真正的根源，孩子才有可能得到支持和更好的养育。

事作千秋想，时忧一瞬过

浮躁而焦虑的时代背景下，父母只有具备系统养育观，孩子们才有可能喘口气、歇一歇，不落入内卷的圈套里。

系统养育观下的得失评价时间线，是以一生为长度的。所以，它可以帮助父母增强自身的抗压能力，不再被一时的得失牵着鼻子走。"事作千秋想，时忧一瞬过。"——当父母能够以孩子的一生作为衡量标尺时，就不会患得患失，既不会因为孩子的优异成绩而高兴得太早，也不会因为孩子的低迷表现而失望得太急。

在一次读书会上，一位初二女孩的妈妈分享说：

"我女儿成绩一直上不去，总拖班级后腿，但她是个好孩子，每天总是乐呵呵的，总能给身边人带来快乐，单纯又善良。正是因为单纯善良，所以成绩并没有影响到她的自信心，我觉得很欣慰，也相信她以后有她自己的人生道路，创造她自己的生命价值。"

我邀请所有妈妈送上热烈的掌声，为孩子，也为这位妈妈。但愿所有的爸爸妈妈，都能练就一双慧眼，透过眼前的困境，真正地看见："他/她是个好孩子。"

系统的养育观还包含另一层含义：孩子的成长是一个不可割裂的系统。孩子表现出来的很多问题，都和早期的养育有关。父母要看到问题的背后，是孩子的哪些心理需要没有被满足。

近十几年来，我在全国各地做了数百场家庭心理养育讲座，希望家长了解0~3岁这一发展阶段对孩子一生的重要性。现在，已经有越来越多的父母开始明白这个阶段建立安全型依恋关系和内在安全感的重要性，但有不少人仍然认为孩子小时候什么也不懂，"别那么当回事"，不用陪伴，不用对话，更不用尊重。

很多父母看起来虽然和孩子在一起，但是彼此的身心毫无联结，亲子系统长期处于未激活的废弃状态。

我在小区和公园散步时，经常看见年轻的父母带孩子出来晒太阳。他们把婴儿车停在一边，自己玩自己的手机，和孩子完全没有互动和交流。

每次看见这种情况，我都会冒着被讨厌的风险，像唐僧一样，上前提醒父母和孩子说说话。他们惊讶地说："这么小的孩子，我说了他也听不懂！有什么用呢？"

事实恰恰相反，孩子对整个家庭的所有信息，尤其是情绪信息的传递，是非常敏感的。他可能没办法用语言来表达，但是这些情绪的体验和记忆的积累，会影响到他未来的个性、人格的养成，以及他自己的情绪管理能力。

还有的父母陪伴孩子的方法，就是给他找一个电子保姆——手机或者iPad，自己则用陪伴孩子的时间拼命赚钱，努力去为孩子创造更好的物质条件，希望孩子未来幸福。

父母有父母的无奈，这些无奈同样令人心疼，然而不得不提的是：这么做的结果，恰恰是在与孩子的幸福目标背道而驰。这样的退缩型养育，潜台词是："别来找我，我帮不了你。"渐渐地，孩子只好与电子保姆建立起"电子依恋系统"，当自己遇到困难需要依靠和帮助时,"找父母是没有用的"。再大一些,面对挫折时,孩子会有更深的无助感,亲子之间的互动关系也会更加疏离和冷淡。

孩子与谁建立系统,就与谁进行能量互换。从这个角度来看,你是不是会对"网络成瘾"有了新的认识呢?

每个孩子的心里,也许都有个声音在唱:"我要稳稳的幸福,能用生命做长度。"当爸爸妈妈能够时常"事做千秋想",就会有更多的力量去平衡现在与未来、需求与欲望、情感与财富、工作与生活。

这,又何尝不是孩子对父母的"养育"呢?

本章小贴士

育儿即育己,与孩子的"执我、物我、心我、慧我"共生长,父母才能始终保持生命的系统观,拯救碎片化的养育。

亲子作业

1. 请准备一张A4纸，从当中对折，一分为二。左上方写上字母P，代表佛印所写的"屁"，右上方写上字母J，代表"江"。

2. 回忆一下，从小到大，有哪些人、哪些事、哪些话、哪些场景……对你来说就像佛印写给苏东坡的字条，让你一见就"爆"，被自己的情绪牵着跑？想到什么就在左边写什么，想到多少写多少。

3. 对应左边的每个"P"，想一想自己被它们牵着"过江"之后，都有哪些行为或表现呢？想到什么就在右边对应的位置写什么，想到多少写多少。

4. 完成以上三步后，请看一看其中有多少与孩子有关呢？圈出来，然后邀请孩子一起对话，听听他的想法。

5. 与孩子拥抱或握手，感谢他的表达，更感谢他与你同在生命的大系统里。

第三章

人类物种系统——"执我"养育

接下来，我们将要开启人格系统中第一个层面——"执我"的养育之路。

许多读过《给孩子一生的安全感》和《生命教育7堂课》的爸爸妈妈，经常心怀感恩地告诉我：幸好遇到了这两本书，不仅让他们有太多的收获和成长，还帮助他们及时发现和预防了孩子潜在的心理问题甚至危机，而其中最让他们"醍醐灌顶"的，是关于"执我""贪嗔痴"的"棒喝"。

一位爸爸说，如果不是这一当头棒喝，他根本意识不到自己和青春期儿子剑拔弩张、水火不容的根本原因不在儿子而在于自己。

他说："我以前总觉得这小子天分那么高，运气那么好，又有我这个老爸拼了老命给他创造那么好的条件，他只要再努力那么一点点，把潜能尽可能都发掘出来，以后不管哪个赛道都可以任他选，多好！所以，我最见不得他偷懒，见到他做与学习无关的事我就生气。我越生气，他越对着干……现在我才发现，其实他确实已经够努力够好了，是我自己的贪心在水涨船高，总觉得没有最好，只有更好——这是我自己的执念，这个执念已经把我自己弄得很焦虑，我经常要靠安眠药才能入睡，结果我又差点用它来坑儿子……"

我点点头，回应道："您很爱儿子，希望他能更好，只是没有意识到这份爱里面藏了贪心。我刚才听见您说'赛道'，请问，您觉得人生除了赛道，还可能会是什么呢？"

这位爸爸愣了一下，说："以前还真没想过这个问题……我的圈子里，大家整天都在谈赛道……呃，我想起来了，我儿子说过他最讨厌我说赛道，说他要让他的人生没有赛道，只有旷野……"

我竖起大拇指，说："我很欣赏您的儿子以及和他一样觉醒的孩子们。天地间本来没有赛道，是人类用自己的'贪嗔痴'硬生生画出来的。觉醒的孩子们希望活出如花在野的自由和热情，活出真实的生命力，所以他们才纷纷选择了逃离赛道，回归'大道'。"

爸爸频频点头："嗯嗯，想想挺惭愧的，确实孩子比我们要清醒得多。那么，林老师，怎么才能避免'爱之深，责之切'带来的伤害呢？"

我找出刚刚见报的专栏文章《人间至爱是慈悲》发给他，说："我们一起成长吧，爱而不贪，是我们生而为人一生共同的功课。"

这篇为《新民晚报》副刊"夜光杯"写的文章，同样分享给大家，作为我们"执我"层面自我养育的开始。

人间至爱是慈悲

林紫

母亲一生好友众多，一段段纯洁的友谊不仅温润了艰难岁月中的他们那代人，也滋养了互联网时代中我们这些"友二代"们。说是"互联"，其实难得"互联"——从出生就认识的我们，长大后天涯海角各忙各的，只有老人们的消息才能将大家偶尔串联到一起。而日月更迭，老人们的消息开始越来越多地关乎离去。

几个月前的一天，突然收到"友二代"之一CC妹妹的微信留言："姐姐，我爸爸突发脑梗，走了。后事一切从简，没有及时通知，不要生气。"

我愣住了，眼前浮现出CC爸爸夏叔叔年轻时的样子：高大的身材、英俊的相貌、不苟言笑的表情……

CC妈妈和我的母亲情同手足，两人经常约其他朋友一起举办家庭聚会，我也只有在这样的时候才会见到夏叔叔。儿时记忆中的他，不是在给笛子贴膜，就是在为二胡调音，再就是安安静静地在书桌前写写画画做手工。无论其他人在一旁聊得多么热火朝天，他都仿佛自己不存在似的，从不参与，以至于我好像从没听到过他讲话的声音。几天前，我写有关艺术型人格特质的文章时还想到过他……

我在心里合掌、鞠躬，隔空向夏叔叔致敬和告别，同时回复CC说："叔叔一路走好……他在我心目中一直是一位与众不同的长辈，有才华、爱独处，不为他人所影响。"

微信那端突然沉默了。过了好一阵，CC的回复才发来："谢谢姐姐。只有你把他看那么高，我没听到第二个人说这话。"

这一回，轮到我沉默了。CC的话令我伤感而警醒，心里默默庆幸：幸好有我把叔叔"看那么高"，虽然从来没有告诉过他，虽然以他的个性不会在意任何人的看法，不过倘若每一个曾经来过这个世界的平凡生命都能被至少一个人看见和懂得，而不是被所有人评判与误解；倘若每一个终将离开这个世界的平凡生命都能被至少一个人尊重和欣赏，而不是被所有人攻击与否定——生而为人的我们，活在这个世界的感受，会不会更好一点？

我把手放在胸口上微微调整了一下呼吸，继续回复CC："嗯。我从小的印象里，叔叔很少说话，有他自己对世界的看法和活法，不大参与世人的事情，完全是才子的个性。"

CC说："姐姐最会安慰人了。"

我没有再回复CC，只是静静地回味着她的话。她的寥寥数语，给了我不同的角度来看待"我""他人"及"世界"之间的关系。原来，"我"对"他人"的欣赏，可能是"他人"

所收获的唯一；原来，对逝者的"高看"可以安慰到生者；原来，世界那么大，亲友那么多，能让我们彼此看见与被看见的，不是爱，而是慈悲。

慈悲是什么呢？对我来说，是撇去每个生命体的年龄、身份及与我自己的关系之后，看见每个生命的不易和努力，并欣赏和珍惜这个生命本身。比如，当我以女儿的身份爱父母的时候，我的爱常常会陷入"期待—抱怨""渴望—委屈"之中，看不见他们本身；而当我将他们当作两个独立的生命体时，慈悲会取代狭隘的亲情之爱，让我看见并欣赏他们本来的样子，就像欣赏"夏叔叔"那样。当我发现身边总有那么多令我欣赏和喜爱的生命存在时，幸福感便总是油然而生——这又何尝不是对自己的慈悲呢？

爱而不贪，才能用慈悲的心看见最深的善。就像CC及她的家人们对夏叔叔的爱，毫无疑问，远远超过我这个外人；而我能把夏叔叔"看那么高"，不是因为我比他们更慈悲，而是因为"外人"这个身份给了"慈悲"更多释放的可能。

25年来，心理咨询工作让我看到了太多家庭的伤痛与遗憾，我很想对大家说："人间至爱是慈悲，让我们像外人一样，彼此'高看'，爱而不贪吧！"

（原文载于2022年6月25日《新民晚报》副刊）

且将父母红炉雪，散作孩子照夜灯

"育儿即育己"，是我在十几年前接受采访时提出的理念。这个说法，既是从心理专业角度启迪父母们保持自我成长，也是我自己生为人母的有感而发，更是我从家族长辈身上得到的精神财富传承。

我的整个家族近三代人中，"教书匠"有十多位，军人也有十多位，几乎各占三分之一，剩下的三分之一里有几位是中医或西医大夫，还有几位修行人。听起来，似乎是一个非常古板的家族，其实不然。家族长辈们既刚正不阿、善良勇敢，又多才多艺、乐观风趣。长辈们都很重视家庭教育，而他们的教育理念出奇地一致：知行合一。"要教别人，自己得先做到。"

比如，外公外婆教我们"一日不作，一日不食"，他们自己亦是如此，及至离世前仍然自己的事自己做，尽量不麻烦别人。

1996年，外公离世前一个月在家中突然晕倒，醒来的第一句话是跟大家开玩笑："'老而不死是为贼'啊！"原本紧张担忧地守在他身边的晚辈们顿时愁云消散、心胸豁然，个个都笑得很灿烂。外公故意引用孔子的话自嘲，是因为一生的修行让他早已看淡生死，超越了"执我"的贪嗔痴。他预知时至，所以特地再为晚辈们作一次关于生死的开示，带领我们再一次体验超越"执我"后的从容和坦然。

外公离世前半个月，我赶回他身边陪他，像小时候一样，每天都坐在他藤椅边的小板凳上，依偎着他。舅舅在一旁说："你外公这一生，里里外外都干净得很，爱国爱家爱别人，就是从不想自己。别的挨整的人，都去找政府平反、落实政策、补发退休工资，你外公就是不去，也不让我们去，说：'都去找国家要钱，国家哪有那么多钱？'"外公笑眯眯地听着，双手放在藤风炉上，边烤火边慢悠悠地说："就是嘛！钱放在国家那里和放在我这里，不都一样？"

我说："嗯，现在我工作了，我给您钱！"

外公拉开写字桌的抽屉，指着一沓零钱说："不用不用，你看嘛，我有。你好生工作，好好建设'四化'，有钱了就多做好事。"

半个月后，外公离开了。作为家族中唯一一位外公嫡传的"弟子"，我亲手为外公写下悼念碑文，纪念他的同时也再次勉励自己——

一身傲骨，毫无傲气半分；

一心为国，从来官俸不问。

一腔热血，全为他人抛洒，

一世才情，但付茶诗书画。

今别也，天地隔，人愁煞，

却还道：净土再开般若花！

　　跟大家分享外公的故事，是想将我从他那里得到的慈悲和智慧，传递给更多的爸爸妈妈，因为现今的教育，大多是在教人执着，大人小孩一不小心就会掉入习性的陷阱，所以"执我"层面的育儿育己格外重要，也格外不易，需要更多长辈的支持和引领。

　　我知道这世间有千千万万像外公这样充满安定力量的长辈，言传身教地引领着我们接受人生的各种挑战；我更想邀请你也加入"与长辈对话"的行列，采访、记录和传递你的家族故事和长辈智慧——对你自己和孩子们来说，这将是一份取之不尽、用之不竭的心灵财富传承。

　　这样的心灵财富，总是让我想到"好将一点红炉雪，散作人间照夜灯"。这是宋代高僧大慧宗杲禅师在送给友人的《赠别》诗中写下的名句，意思是：清凉的智慧就如火炉上的一点白雪，虽然在喧嚣的尘世显得那样微不足道，但我还是愿将它散播到人间，让它成为照亮黑暗、指引生命出路的一盏光明灯。

这首诗的第一句"桶底脱时大地阔"，出自一个著名的禅宗公案。有一天，北宋的清了禅师去厨房看弟子们煮面，弟子们将煮好的面盛进饭桶里，桶底却突然脱落，面全都撒了出来。一个弟子懊恼地喊道："桶破了，面撒了，真可惜啊！"清了禅师却说道："桶底脱落是好事啊，为什么要懊恼呢？既然桶底都掉了，桶中还有什么呢？什么都没有了，就再也装不进任何麻烦了，岂不是乐得轻松吗！"随后，清了禅师缓缓吟诵一首偈子："扶持旧桶，桶底呼脱。桶底无水，水中无月。"后来，修行禅宗的人就常用"桶底脱落"来比喻恍然大悟的境地——修通"执我"的贪嗔痴，就不会再执着于有没有桶底；没了桶底，看见的却是开阔的大地，情绪自然也就跟着转变了。

写到这里，想起我的童年记忆中唯一一个与十年浩劫直接有关的画面。一天夜里，我被一阵激烈的敲门声惊醒，迷迷糊糊睁开眼睛，正看见外公披了件蓝色外褂去给来客开门。没等我看清来者何人，就听见他们高喊"割资本主义的尾巴！"然后伸手取下墙上两幅外公的字画，扬长而去了。

5岁不到的我，完全弄不清楚发生了什么，看着空空的墙壁，只觉得很伤心，因为外公每晚临睡前都要带我读诵诗词，而墙上挂着的一幅是"两个黄鹂鸣翠柳"，另一幅是"轻舟已过万重山"。

我问外公："我们再也看不到它们了吗？"

外公轻拍着我的后背说："该去的去，该来的来。眼里看不到了，心里看得到就好。"

若干年后的我，再回想起那晚的画面，心情已经能和外公一样平静，真的感受到"桶底脱时大地阔"，有种"为道日损（每天放下一些东西）"的释然。

现在，我也想邀请你跟我一起想一想：我们有没有一点称得上红炉雪的清凉智慧，可以化作孩子们长长人生的指路明灯呢？

虚空粉碎也，狂心当下息

清凉智慧，可以是不断超越贪执的力量，也可以是虽然尚未超越但越来越能清晰觉察自己起心动念的能力。面对孩子以及其他人与事，我和大家一样，也在成长中，也会被"执我"的贪嗔痴扰动。本以为经历过人生风雨、识得了人性至暗，基本可以"八风吹不动了"，却经常不知不觉间又"一屁过江来"。

每每这个时候，长辈们的红炉雪就成了我的照夜灯，让我立即觉察到"执我"在向下旋转了，而向下，没有出路。觉察—站定—转身—向上—螺旋，这五个步骤，是我和我的来访者经常做的练习，如果你愿意，也可以在每个烦恼来临的时候做做这"红炉五步操"。

"执我"层面的育儿育己，就像医学界名言"偶尔治愈，常常帮助，总是安慰"所说的那样，也总是在"偶尔超越，常常觉察，总是陪伴"之间日日年年。

小M一家，是偶尔超越的典范。大三那年，小M突然宣布要从顶级985院校退学，理由是所学的专业让他越来越"失去了灵魂"，他要去山里住住，重新把魂儿找回来。

小M的父母先是不以为然，以为孩子在开玩笑；接着一愣，发现他是认真的；然后，召开紧急家庭会议，家里的小猫小狗也全部列席参加。

"不好意思，我让你们失望了，你们可以表达你们的情绪，但我去意已决，不接受任何劝告。"小M一副"左牵黄、右擎苍"的模样，摸着猫狗怡然自得地说。

父母相互对视了一眼，母亲示意父亲先开口。父亲清了清嗓子，说："好！果然是我儿子，有思想！"

小M和母亲猝不及防，吓了一跳，齐刷刷地看向父亲，仿佛同时在问："真的假的？"

父亲当然明白母子二人的心思，他潇洒地连抛几个网络热词，说："我知道你们一定在想：尊嘟假嘟？告诉你们：尊嘟！退学，这可是我当年没能实现的理想，现在儿子来实现它，6，太6了！"

小M突然有点不好意思起来，犹豫地说："爸，你没事吧？"

父亲认真地看着儿子，说："我没事，我是认真的。人生是自己的，而且就那么一趟，既然想明白了，就大胆按照自己的想法去活吧。别人的看法不重要！"

小M突然有点想哭，他看向母亲。母亲咬着下嘴唇思考了一会儿，然后一拍桌子，也斩钉截铁地说："我信你爸，我也信你。得，咱就这么定了！"

小M语无伦次起来，他喃喃自语地说："不是吧……这……太梦幻了……你们难道都不劝我一句吗？"

母亲说："自从你高三出现情绪问题，我们一起去找林紫老师做了心理咨询之后，我和你爸一直还在林老师那里做父母成长咨询，这几年我们学会了一件重要的事，那就是凡事先不作评判，先觉察我们自己有没有起贪念。老实说，我刚才贪嗔痴起得可快了呢！一听你说要退学，我先是贪心大起，心想，儿子啊，咱们这么好的学校，别人想考还考不进呢，退了多可惜；然后就有点生气，觉得你只考虑你自己，都没想到我和你爸这面子往哪里搁；接着就发现，我怎么还这么迷恋别人的评价呢……这么一圈觉察下来，最后还真是能发自内心相信你和你爸了！你都放下一定要读985的执念了，我还没有放下，那就不是你的问题，而是我的问题了。"

当小M再次来到咨询室里，把整个过程讲给我听时，他连连感叹："不可思议，太不可思议，他们居然同意了，而我，居然发现我还可以再想想。我得想明白'退学'这件事是不是也是我的执念，有没有其他方式来找回灵魂。"

后来小M还是选择了继续修完学业，与此同时，他加入了一个动物救助公益组织，用做志愿者的方式来"每周保留一个与自己的灵魂同在的时间"。

小M的父母说，感谢儿子，让他们切切实实体验了一回"超越执我"之后的畅快淋漓。

我说，若干年后，自己有了孩子的小M，心里也会同样感谢父母，教会了他如何在"执我"层面育儿育己。

小R与妈妈，正走在"执我"的觉察练习过程里。

妈妈带着13岁的小R来听我的讲座。茶歇时，两人来到我面前，未语泪先流。

妈妈说："我是单亲妈妈，一个人带她，她不开心，我的世界也没有意义……"

小R说："她越这样，我越不开心……"

我请母女俩先回到座位上，分别在纸上列一列各自在"执我"层面的贪念。

10分钟后，母女俩来交作业。我请她们互换作业，分别读一读对方写了什么。两人读着读着，忍不住再次相拥落泪。原来，两人不约而同都写道："我希望妈妈/女儿过得比别人更好。"

"为什么你们都会觉得'过得更好'是贪念呢？"我轻拍着她们的后背，柔声问。

"因为，"女儿说，"我们都想用'更好'来证明给别人看，让别人不要瞧不起我们。"

"但其实，"母亲抹着眼泪接着女儿的话说，"也许没有人瞧不起我们，大家都过得不容易，离不离婚都还是会有开心和不开心。我如果一直要求女儿要比别人更开心，就成了贪心了，所以女儿反而更有压力。"

觉察，是新一轮成长的开始。在这"人皆有漏^(烦恼)"

的世间，我们或许还做不到总是超越，但却可以常常练习觉察，然后选择"心"的不同运转方向。觉察—站定—转身—向上—螺旋，不断练习，生命就不再会被卡住，我们的人格系统也就生生不息地继续生长起来。

也许你会说我的觉察力还没有那么强，当父母和孩子的"执我"扭打在一起，又该怎么办呢？

15岁的男孩小飞，平日住校，周末一回家就躺平，而且总嫌家里的饭菜不好吃，非要点外卖。妈妈很生气，觉得小飞嫌弃饭菜就是嫌弃和否定自己，自己绞尽脑汁想让他吃得健康点，他却毫不感恩、不领情；小飞也很生气，觉得自己好不容易回家一趟，想吃点"过瘾的""刺激的"很正常，妈妈不但不理解，还动不动就上纲上线地谴责自己，实在过分。最难受的，是夹在中间的小飞爸爸。作为公司高管，他辛苦了一周，周末想好好放松一下，但一回到家就得秒变"灭火器"——为母子俩的战争调停。

"有什么办法让他俩消停消停呢？"小飞爸爸问，"再这样下去，我非抑郁不可……"

我问了他一个"例外"问题："有没有偶尔消停的时候呢？如果有的话，当时发生了什么不一样的事吗？"

小飞爸爸想了想说："有那么几次，我心情好，带他们去露营，或者我下厨，分别做两个他们喜欢的菜，他俩都满足了，就消停了。"

我接着他的话说："听起来，好像关键词是'满足'？"

小飞爸爸一拍大腿，说："对！他俩应该都是想要得到满足，儿子想满足自己说了算的话语权，妈妈想满足被需要、被夸赞，结果这俩人完全不在同一频道，谁也满足不了谁，所以才会吵了又吵。"

我点点头，赞叹他敏锐的思考和分析能力，接着又问："那您觉得您满足他们的关键点是什么呢？"

小飞爸爸沉思片刻，回答道："我以前觉得是露营和美食，今天跟您一番对话后，现在发现，其实是陪伴。"

——没错，能够结束"执我大战"的，正是陪伴。当小飞爸爸在"战火"中不火上浇油、不站队拉帮，也不逃离现场时，陪伴就真正发生了。母子二人看起来不同的需求背后，其实都藏着一样的关于"我重不重要""有没有被你们看见"的担忧，而担忧的背后，是一样的对于"爱和被爱"的渴望。这份渴望，只有带着爱的陪伴才可以满足。

什么样的人可以始终不偏不倚、不悲不喜地给予他人陪伴呢？再跟大家分享一个我珍藏于心、常忆常念的禅宗故事——

有一天晚上，一生寻师访道、参禅明心的虚云长老正在打坐用功，一旁护法的侍者来给他上开水，一不小心，开水溅在虚老手上，茶杯随即掉在地上摔碎了。就在这一瞬之间，虚云长老如大梦初醒、疑根顿断，开悟了。于是，他写下一首偈语：

杯子扑落地，响声明沥沥。

虚空粉碎也，狂心当下息。

后来，虚云长老成为佛门泰斗，一生肩负禅宗五脉的传承，在世间度过了充满传奇色彩的120年光阴。

从系统人格论角度来看，打破杯子这件事，通常会立即扰动执我，让人不由觉得"可惜"，而"可惜"正是源于贪心；如果因为杯子打破而怪罪侍者，就会触动到执我的"嗔心"；如果对打破的杯子念念不忘，一心想要找只一样的回来，则会触动执我的"痴心"。这三种心，都是会带来烦恼的"狂心"，只有在杯子粉碎的刹那体悟到"万法唯心造"的虚空，"执我"的狂心才能安静止息，生命也才不会被"执我"带入习性的圈套，才能"明历历、露堂堂"地安住在当下，给身边的人如其所是的爱与陪伴。

"狂心"熄灭的人，才能看见人、事及关系的本质和真实需求，才能看山河大地皆是"如来"——乘如实之道而来。

父母放下执念，孩子更好成长

对很多父母来说，孩子就像一只捧在手心里的珍贵茶杯。他们百般呵护珍惜，不断注入各种理想和期待，希望"杯子"越来越有价值。然而，总有一些父母掌控之外的事会发生，比如："杯子"被注入的期待过多，开始倾斜外溢；"杯子"开始有自己的想法，想变成一只花瓶；"杯子"渴望自由，千方百计从父母的手心里逃脱……所有这些掌控之外的事，都会扰动父母的"执我"。只有父母放下执念，孩子才能更好地成长，成为他自己。

生活中，我经常会遇到许多有智慧的司机。有一次，我送圆子去跳舞，司机大哥有感而发，分享他自己的故事给我们听。

他说，他的女儿从小也喜欢跳舞，小学毕业后，考入一所寄宿制的专业舞蹈学校。他念女心切，每周五都会提前去学校等女儿放学，然后接她回家。第一次去的时候，正看到女儿在一楼练基本功，全班的孩子都边练边哭，因为太疼太苦太累了。他心疼极了，当时立即决定给女儿退学。老师说，那你要去四楼找校长说。于是，这位司机爸爸一层楼一层楼往上爬，他发现从一楼到四楼，正好是从低到高四个年级，而每爬一层，孩子们的状态都会不同。到了第四层，他说："你们猜怎么着？嘿嘿，我改主意了！因为第四层的孩子们已经完全蜕变成了美丽的舞者，而那正是我女儿最想要成为的样子！现在，我女儿已经成为舞蹈老师了，她觉得能做自己喜欢的事很幸福，我也很庆幸自己没有成为她幸福的绊脚石……"

我和圆子静静地听着，很感动，也很为这对父女开心。幸好爸爸放下了自己在"一楼"产生的执念，女儿才有了"四楼"的未来。感恩这对父女为我们提供了一个如此有隐喻深意的系统养育样本——

一楼，就像系统人格中的"执我"，因为只能看见这一层楼的风景，所以有许多本能和原始的情绪与念头，做起决定来也往往是冲动和缺少发展性的。

二楼，就像系统人格中的"物我"，因为身体得到了足够的锻炼和呵护，所以可以苦中作乐，可以比在一楼时有更多的信心和耐心。

三楼，则像系统人格中的"心我"，开始与更多的人建立起关系，并不断地在关系中寻找和认识自己。

四楼，则象征着系统人格中的"慧我"，因为站得高，所以有了更完整的视角，可以"回光返照"，成为"执我""物我"和"心我"的"照夜灯"，帮助它们更好地螺旋向上，在它们遇到困难和挑战暂时停滞，或者旋错了方向时，仍然不离不弃地给它们信心、勇气及指引。

从这个角度来说，系统人格的四个我，是一个以爱和成长为使命的"团队"，在起起伏伏、进进退退之间向上、向前。

本章小贴士

"执我"养育，关键词是"信念"——只有父母放下对"幸福"的执念，孩子才有可能真的幸福，因为他们开始拥有了属于自己的坚定信念。

亲子作业

1. 找个不被打扰的时间，回想一下：最近一个月来你与孩子之间都发生过哪些冲突，或者你在育儿方面都遇到了哪些烦恼呢？请把它们一件件写下来。

2. 仔细想一想：这些冲突和烦恼背后藏着一个怎样的"执我"？它的贪心、嗔心和痴心分别是怎样的？也把它们写下来。

3. 以孩子的口吻，用孩子的视角写一篇名为《我爸爸》或《我妈妈》的作文，记录自己的一天，看看孩子眼中的自己可能会是什么样，有哪些你未曾意识到的习性与执念的存在。

4. 与孩子拥抱或握手，感谢他/她的陪练，更感谢他/她与你同在生命的大系统里。

第四章

家族生物系统——"物我"养育

　　我的母亲在世时，经常跟我生动地描述我出生前后的各种家族故事，尤其是关于我的部分。

　　母亲说，她从怀我开始，就一直想象我会有一对深深的酒窝、一双大大的眼睛、一颗善良的心。母亲说，"老天爷"真好，完全按照她的愿望把这么好的女儿送到了她身边。

　　我至今还记得母亲亲手为我绣的粉色缎面小枕头。枕头上面是三个游泳的娃娃，分别代表姐姐、哥哥和我，我们的前方绣着一行小字：在大风大浪中锻炼成长。

　　稍大一点的时候，我会问母亲："哥哥呢？"

　　母亲会抱紧了我说："你哥哥，是我见过最帅的小婴儿了。早上太阳刚刚升起的时候，他就出生了，所以我给他取名'迎阳'，希望他的一生都迎着阳光生长。可惜，他出生没多久就得了新生儿肺炎，早早离开了我们。后来你出生了，才半个月的时候，得了同样的病，一送到医院就报病危……幸好你留下来陪我们了。妈妈要感谢你！"

　　小时候听妈妈这样讲，我似懂非懂，总觉得应该是我感谢妈妈才对，为什么她要感谢我呢？

　　后来长大了，有一次在KTV里给爸爸过生日。我跟妈妈跳舞时，正好有家人唱起歌曲《至少还有你》："我怕来不及，我要抱着你……"妈妈边跳边搂紧了我，再一次说："妈妈好感谢你，那么顽强，就像这首歌唱的，'你在这里，就是生命的奇迹'！"

那一刻，我突然彻底明白了母亲的心。我的这副屡受疾病折磨、曾给她带来无数担忧和麻烦的弱小身躯，尽管至今还带着手术伤痕和药物留下的斑斑点点，但在她的心里却是那样珍贵，那样有生命力，那样充满奇迹。我，还有什么理由不好好爱惜自己的身体、爱惜以身体形式来呈现的"物我"呢？

再后来，母亲去世后，我才在她的日记里看见她专门为我写了一篇散文——《心中的岩石》。这份珍贵的纪念，我会在第五章讲到"心我"时与大家分享。

《至少还有你》的歌词里，"生命的奇迹"下一句是：

也许全世界我也可以忘记

只是不愿意失去你的消息

你掌心的痣

我总记得在哪里

——2020年1月8日，母亲去世。几天之后，我和另一位与她亲若母女的朋友同时发现：我们最后跟妈妈相握的那只手的手心里，分别长出了一颗痣。

如此令人惊讶，连我们自己都不敢相信自己的眼睛。反复辨认后，发现是真的，我们说："这就是爱的奇迹！"

我把这颗珍贵的痣拍了下来，发在微信朋友圈里作为纪念。我说："妈妈，现在轮到你来做我们手心里的宝了。"

能够与父母互为宝贝，对我来说，此生无憾。

原生家庭VS"外面没有别人"

孩子与父母互为这世上最为紧密也最容易产生冲突的系统的一部分，这个系统就叫作"原生家庭"。

大约二十年前，我为《中国妇女》杂志开设了一个"家庭DNA专栏"，通过案例故事和心理分析帮助大家了解原生家庭与每个人之间的关系，学习如何直面遗憾，不断成长。

我常说："原生家庭，不是原罪家庭。"意思是，我们探讨原生家庭，是为了帮助我们了解自己的"来龙"，而不是把所有的问题都归罪于它；至于如何构建自己的"去脉"，其实取决于我们自己，取决于我们能否活出创造性的自我。

创造性自我是奥地利心理学家阿德勒提出的重要概念，意思是，尽管原生家庭、童年经历等对人的成长有重大影响，但每个人仍然能部分地决定自己人格的发展，自己主动发展出的部分，就叫创造性自我。

活出创造性自我的人，可以对自己的过往经历作出有意义的解释，以便帮助自己选择和建立想要的生活风格，进而确立和实现自己的人生目标。

同样一个原生家庭里长大的两个孩子，如果对同样的事件和早期经历有着完全不同的主观知觉和解读方式的话，那么他们长大后的心理状态和人生品质也会完全不同。因为真正影响我们心理、行为和人格发展方向的，不是"事实"，而是我们对事实的解释。

我经常打的一个比方是：一个苹果砸下来，物理学家提取的信息是坠落，所以发现了万有引力；化学家提取的信息是气味，所以发现了单宁分子结构式；而心理学家则会提取人被砸中后的感受和反应模式等，所以有了各种各样的心理研究。现实生活里，同样是一个苹果，让物理学家牛顿豁然开朗，却让人工智能之父图灵注入毒素咬了一口后自杀，而乔布斯则以这个被咬了一口的毒苹果作为标识而闻名天下。

所以，如果把原生家庭比喻成苹果的话，我们之所以说它不等于原罪家庭，原因就在于：我们的创造性自我可以改变和决定这个苹果对我们的影响，而不是永远只能被动无助地活在它带来的创伤和阴影中。

有时，我还会讲一个笑话来帮助大家更好地理解创造性自我：一位被孩子气坏了的母亲，指着两个双胞胎儿子，愤怒地说："我看你俩这一辈子都只能在精神病院里度过了！"若干年后，母亲的预言实现了，两个儿子果然都在精神病院里度过了自己的人生，不同的是：一个成了著名的精神科医生，而另一个则成了病人。

在阿德勒之前，心理学家要么强调遗传的作用，要么强调环境的作用，阿德勒是第一个不再强调遗传和环境，而是认为个人的主体性起重要作用的心理学家。他的"创造性自我"概念，让人成为自己生命的主人。例如，某些有生理自卑的人，经过补偿，发展成对社会有益的人，而有的人却形成自卑情结，一事无成，其中的差别就在于：我们选择如何提取信息、如何确立目标。人与生俱来的创造性，决定着每个人的发展。作为不完美父母，我们无论如何努力，也不可能给孩子完美的教育，更不可能决定孩子的一生究竟该如何度过。唯一能决定的，是从"物我"开始，充分激发孩子创造性自我的发展。

2017年有一部热映的印度电影《摔跤吧！爸爸》，影片根据真人真事改编，讲的是曾经的摔跤冠军辛格培养两个女儿成为女子摔跤冠军、打破印度传统的励志故事。电影中有一个关键的转折点，那就是两个女孩小时候跟男孩子打了一架，而且把男孩打伤了。男孩的家长找到两个女孩的爸爸理论。与大多数家长的做法不同，电影里的爸爸并没有选择狂风暴雨般的责骂，而是询问两个女儿："你们是怎么做到的？"这么一问，爸爸意外地发现了两个女儿的摔跤天赋，从此创造条件严格训练她们，最终让她们超越了自我。设想一下，假如当时爸爸的选择不是提取正向信息，而是提取负向结论，认为女儿们闯了祸，父女三人的人生和命运又会有怎样的不同呢？

在另一部电影《冰雪奇缘》里，冰雪女王艾莎天生具有呼风唤雪的神奇魔力。小时候，因为自己的魔力差点害死妹妹安娜，所以她一直活在自卑和恐惧里，认为自己是个坏女孩。她拼命隐藏真实的自己，封闭内心，将自己隔离，活得孤独而又痛苦。直到最后，她决定面对自己，随它去，不再压抑自己，最终让魔法发挥了正向作用，解救了整个王国。

假如父母和孩子始终无法接受自己与众不同的"物我"特征，就永远不会有女摔跤冠军和解救王国的女王出现。

心理学界也有很多类似的例子。现代催眠之父米尔顿·艾瑞克森，自幼患有小儿麻痹症，17岁那年突然全身都动不了了，除了说话和眼动外不能做任何事情。医生们都说他活不了几天了，而且就算活下来，也会终身瘫痪。结果，艾瑞克森选择了不听医生的，而是听自己的。他对自己说，绝不能让医生的断言实现。最后，他不仅站了起来，还成为催眠治疗大师，以自己的生命经历帮助了更多人。

活出创造性自我的人，才可以主动把握自己的命运。而把握命运，正是大家拼命内卷、鸡娃的背后真正想要达到的目的。既然如此，遵从第一性原理（First Principle Thinking, 意思是，当遇到问题的时候，回归事物最基本的原则和规律来寻找答案），激发孩子的创造性自我，才是最该做的事情。

那么，父母如何做才能激发孩子的创造性自我呢？答案有很多，最根本也最重要的一个，是父母先活出自己的创造性自我——直面自己原生家庭的遗憾，设定自己想要的目标，接纳与父母血脉相连的自己的"物我"，珍爱与自己血脉相连的孩子的"物我"，在"物我"相连的基础上，进一步与孩子一起发展"心我"和"慧我"，成为孩子升级版的原生家庭支柱。

有一次，一位美丽的女孩在听完讲座后，激动地冲过来一定要跟我合影。她说："林老师，您解决了我这些年来内心一个巨大的冲突。我之前一直觉得'原生家庭影响一生'的理论和'外面没有别人，只有自己'的说法很矛盾，不知该听谁的。今天我明白了，听创造性自我的，就对了！"

我喜欢和你在一起时，我的样子

给企业管理者做"员工心理管理"培训，讲到如何建立员工归属感、降低人才流失率时，我常引用一句话："我爱你，不光因为你的样子，还因为，和你在一起时，我的样子。"

这句话出自爱尔兰神秘诗人罗伊·克里夫特的《爱》。据说，这位诗人在1979年自费出版了一本诗集，虽然我至今没有找到，但这首诗，已经足够令我惺惺相惜了。

爱，无论在亲情、友情、爱情还是同事之情中，都需要双向的滋养。滋养不是占有和得到，而是可以在关系中欣欣然地成长为自己喜欢的样子，可以心满意足，可以越来越好。

如果一个人活在这千疮百孔的世间，依然能够感受到自己的美好，依然喜欢自己在这世间的样子，那么他从这世间"流失"的概率，会降低很多。

尤其是孩子们，当越来越多的小学生都开始"盘串"减压，开始说："以后我才不要小孩呢，我都这么难管、这么讨人厌了，如果我要孩子，他/她会来报复我的！"

孩子们的话，好笑，也好哭，因为看起来的轻松幽默背后，是沉重而真实的自我否定。

多数孩子对父母的爱，比父母以为的要多得多。他们表面看起来桀骜不驯，其实内心深处极度渴望得到父母的爱与肯定，渴望这世上总有那么一个人，在他/她眼里自己不是那么一无是处，不是永远惹人烦的。

对父母来说，要想透过千疮百孔的生活，总是能够及时给予孩子积极回应，恐怕难于上青天。不过，好消息是：我们越早给到孩子"物我"层面充足的肯定和抱持，孩子越能在身心里储备温暖有力的情绪记忆，以备将来的"不时之需"。

"不时之需"这个词，碰巧也是出自苏东坡之手。东坡先生因为写诗被诬陷入狱，后来又被贬到黄州。艰难之际，遇到好友，好友带了鱼来，苏东坡感叹："有客无酒，有酒无肴，月白风清，如此良夜何！"幸运的是，夫人告诉他："我有斗酒，藏之久矣，以待子不时之需。"

因为夫人的未雨绸缪，才有了《后赤壁赋》中的"山高月小，水落石出""划然长啸，草木震动""山鸣谷应，风起水涌"等传世之作。这来自人生风雨的洗练，来自长辈给足的安全感，也来自身边人细致入微又不动声色的爱怜。

看过《给孩子一生的安全感》的妈妈们，或许还记得我分享过的一则伊索寓言故事——《母亲的力量》。

宙斯通知林中所有动物，他要给拥有最漂亮孩子的动物发奖。一只母猴子与其他动物一起赶到宙斯那里，她还带着一只扁鼻无毛、相貌丑陋的小猴子前来参加评奖。当她把小猴子给大家看时，引起一阵哄堂大笑，有的动物还劝她赶快回家，别在这里丢人现眼。但她语气坚定地说："我不知道宙斯会不会将奖品给我儿子，但至少有一点我十分清楚：在母亲眼里，这只小猴子是最可爱、最漂亮、最活泼的。"

圆子第一次听我们给她读这个故事，是在她3岁多的时候。故事刚一讲完，她就把书抢了过去，抱着书上的猴子妈妈亲了又亲。不只女儿，很多听完这个故事的小朋友，都会感动地说："猴妈妈真好，我爱猴妈妈！"

孩子们爱的领悟力，远比大人深刻，且最能直指人心。读完这个故事后，每次女儿想给我鼓劲儿，都会搂着我的脖子、趴在我耳边说："母亲的力量！"

母亲的力量、父亲的力量，都可以透过"物我"的养育，透过让孩子爱上跟父母在一起时自己的样子，转化为孩子的力量。

2018年，母亲手术出院的那一天，正好是我的生日。从那天开始，我将每年的生日都改称为"报恩日"。对我来说，活在世上的每一天，都是在报答父母的生养之恩；身体"物我"的每一部分，都有着父母长辈们的传承。感受到它的珍贵，自然会好好爱护它。每年的报恩日，我都会问问自己：有没有好好对待自己的"物我"？有没有让它继续成长、继续活出父母长辈们身上的美与善？

很想与每一位父母分享，当我们具象有形又细若微尘般的"物我"，能始终感受到被爸妈视若珍宝的时候，就可以在每一个人生至暗时刻如磐石如奇迹般地托起我们的"心我"、启迪我们的"慧我"，让我们活出最真的生命力。所以，问问自己：有多久没有关爱自己的"物我"，有多久没有表达对孩子"物我"的珍视了呢？

对孩子"物我"的珍视，不是仅仅让他们吃饱穿暖，不是给他们注射生长激素来谋求外形的俊美，也不是让他们养尊处优变成王子公主，而是在他们想要课间活动时，坚决支持；在他们觉得累时，允许小憩；在他们得了抑郁症或双相情感障碍住院治疗时，不催促他们快好快出院；在他们年幼的时候，就开始教他们生活常识，带他们做家务，允许他们亲近自然、"上天入地"，让他们成为既能仰望星空又能脚踏实地的人。

关于做家务，我曾看到过一组数据。中国教育科学研究院一项家庭教育状态调查报告显示，在孩子爱做家务的家庭中成长的孩子，成绩优异的比例是86.92%；而在认为"只要学习好，做不做家务都行"的家庭中，孩子成绩优异的比例是3.17%。相比这组数据，我更在意来自哈佛大学的一项长达二十多年的跟踪研究。研究发现，爱做家务的孩子和不爱做家务的孩子相比，成年以后就业率的比例为15∶1，犯罪率为1∶10。

同样是研究做家务对孩子成长的影响，当我们只关注它与成绩之间的关系时，会不会将做家务也变成一项为了达成功利性目标的任务？如果是，会很遗憾，因为这样的做法不但很难滋养孩子的"物我"，反而还会连孩子生活的乐趣也剥夺了。

从系统养育的角度来看，我们会发现：爱做家务的孩子，拥有更高的心理健康指数、家庭幸福指数和社会适应能力，会更容易开始正常的独立生活和工作。看见这些，父母们焦躁和功利的心才有可能获得持久的安宁，才不会一边催着孩子做家务，一边换算着能获得多少分数。

我很小的时候，外公就开始教我做家务。那时，我并不知道他是修行人，只觉得他不管教我做什么，每个动作都一丝不苟，有种专注而干净的美。比如冬天扫雪，要眼、耳、鼻、身、意都到位：眼睛看着扫把和雪地的接触，耳朵听扫地声音的节奏快慢长短是否一样，鼻子感受清冷而新鲜的空气进进出出，身体要注意避开过路的人，意念要专注在扫地这件事上，不想东想西。再比如洗碗，左手拿着碗的9点钟位置，右手拿着洗碗布，从12点位置开始，顺时针抹到6点钟位置，然后左手不动，右手把碗逆时针旋转到12点位置，重新开始下一轮动作。若干年后，当我遇见日本里千家茶道和志野流香道时，在每一个专注而静美的动作之中，仿佛瞬间又回到了童年，回到了外公身边。以形入心，从"物我"到"心我"，才知道，外公给了我那么多，用圆子的话来说就是"比什么都多得多"。

做家务，在外公看来既是修心也是对身体的锻炼和呵护。他教我的，不只是动作之美。每次蒸馒头时，他还会让我站在刚刚好的位置，让蒸汽正好蒸一蒸我的脸。所以，每次做家务时，我都会在心里默念"勤劳而美丽，勤劳而美丽"，既是一个小开心，也是对自己的小激励。

我的老顽童爸爸，也是一个家务爱好者，妈妈直到离世前，还在赞美他"又坚强又能干"。童年印象里，周末家中的厨房总是热气腾腾、芳香四溢的，爸爸会带着我们做很多好吃的，炸小鱼、虾片、酥肉、麻叶、麻花、萝卜丸子……到现在回味起来还口齿留香、幸福荡漾。那时家里虽然是水泥地，但他每次总要拖得一尘不染，而我则总会跟在他后面抢拖把，说："爸爸我来！"

我的母亲带我们做家务时，则喜欢边做边唱歌或吟诵诗词。我至今还记得她一边教我们剥毛豆，一边声情并茂地吟诵"西塞山前白鹭飞，桃花流水鳜鱼肥"。吟到"鳜鱼肥"三个字的时候，母亲的兰花指正好俏皮地指向了我，所以很长一段时间，提到"鳜鱼肥"我就会瞪大眼睛、鼓足腮帮子，然后全家人笑作一团。那时的新疆，冬天蔬菜很少，所以家家户户会在夏天把豆角一根根串起来，晒干了存到冬天吃。母亲一边带我们串豆角，一边教我们唱"洪湖水、浪打浪"；缝缝补补的时候，则会教唱"绣金匾"。

母亲身为一位深受学生和家长爱戴的优秀老师，经常在我给同学讲解完功课再做完自己的作业，已经困得睁不开眼时，毫不犹豫地让我去睡觉，她来帮我一笔一画誊写第二天要当作范文展示的作文。高考复习时，母亲为了给我争取更多的休息时间，就抽空把所有的历史和地理知识点朗读并且录进磁带里，让我可以随时听。

不仅是对我，对学生们的"物我"，母亲也一样爱护备至。班里如果有孩子生了病，母亲一定会为他/她酌情减免作业，允许孩子回家休息，等孩子身体好了她再亲自给他们补课，顺便还会做些好吃的带给他们。

母亲对于儿童心理学和教育心理学不仅了解，而且运用自如。我小学三年级时，校长找到她，说他想让我连跳两级，因为以我的能力直接读五年级没问题。妈妈委婉地拒绝了校长的好意，说："慢慢来，不着急。虽然我相信孩子头脑的认知能力完全跟得上，但我不想她的身体和心理承受超龄的压力。对孩子们来说，年龄相差一个月，身心发育、人际交往都会有很大的不同呢。"

直到今日，我仍然感恩母亲用她带着智慧的慈爱给予我的呵护。当时同年级另一位男生的父母，因为没有听从她的劝告，选择让孩子跳了一级。最后，男孩因为压力大频频生病，小学毕业时反而又多读了一年，而且成绩一落千丈。

1989年，我参加高考。母亲正好已经放假，可以连陪我三天。因为考点离家很远，为了我能午休，平日省吃俭用的她，果断地在考点旁边的宾馆订了小时房，在我躺下来休息的时候，她就有节奏地轻轻拍着我的背，让我能像婴儿一样快速入睡。

每每回想起这些，我的"物我"总会觉得温暖、舒适、自信而放松。恐怕这也是后来生病时，即使医生已经给我下了判断说"不是癌症，但比癌症还麻烦"时，我却又活出了奇迹的原因。母爱，就是生命奇迹之源。

母亲爱所有的孩子，欣赏孩子们身上最本真的生命力。作为班主任，每个课间十分钟，她一定会去班里"轰"所有的孩子到操场上活动，还会带他们一起做游戏。即使退休多年，她也依然不遗余力地呼吁保护孩子们自由活动的时间，让孩子们的身体首先得到健康发展。

2019年9月，重病中的母亲在微信朋友圈转发了一篇有关芬兰图书馆有一个专门的空间留给孩子，允许孩子吵闹的文章。与文章同时发出的，是她用毕生对孩子们的爱凝结而成的肺腑之言："儿童的噪声是幸福的噪声，是未来的声音。"

我和母亲心心相印。同样是那一年，在香港大埔滘自然护理区山顶的一场亲子活动中，当每个人轮流说出自己最喜欢和最想听到的声音时，我想也不想就脱口而出："孩子的声音！"于是，所有孩子全都放开喉咙仰天欢呼，将他们在风中所能送给我的最热烈的声音回应给了我。

和母亲一样，我喜欢孩子们的声音，因为那是大自然的一部分，是充满生命力的至纯至阳之音。

我的露台邻着马路，马路对面，左边是一所小学，当中是儿童医院，右边则是一所中学。从露台望出去，我最喜欢的，是小学孩子们的欢笑嬉闹和自由奔跑；最心疼的，是医院里进进出出的小小身影；最渴望的，是中学孩子们也能欢笑嬉闹和自由奔跑。

校园，该是孩子们的生命力自然绽放和蓬勃生长的天堂，不该是关锁他们"物我"的笼牢。

最先觉醒的，常常也是孩子们。

11岁的女孩Luna，两年前随父母回国定居，正式开始学习中文。两年后，文学课的老师让大家学写俳句(注：一种短小的日本古典诗歌体裁，类似中国的绝句)，Luna信手拈来，她写道——

学校
关着我的肉身
灵魂，永远自由

这首总共只有14个字的小诗，严格说来并不符合俳句"5—7—5"的格式要求，可是它却一瞬间狠狠击中了我。作为一名心理咨询师，25年来我接待过太多的青少年来访者，他们中太多人都有着诗中前两句的深刻体验，却很少有人能像Luna一样理直气壮地说出第三句。说不出，往往是因为灵魂(慧我)也一样被关住了，关在一座叫作"抑郁"的黑暗城堡里。"关押"他们的，可能恰恰是爱着他们的父母、老师，也可能是整个社会大系统中每个尚未觉醒的人。

近年来，拒绝上学的中小学生、休学或延迟毕业的大学生越来越多。要让孩子们重返校园，得先让孩子们爱上校园里的自己。所有爱孩子的爸爸妈妈和老师们，让我们一起大声朗读这首《爱》吧——

爱

[爱尔兰] 罗伊·克里夫特著 译者 佚名

我爱你，

不光因为你的样子，

还因为，

和你在一起时，

我的样子。

我爱你，

不光因为你为我而做的事，

还因为，

为了你，

我能做成的事。

我爱你，

因为你能唤出

我最真的那部分。

我爱你，

因为你穿越我心灵的旷野，

如同阳光穿透水晶般容易，

我的傻气，

我的弱点，

在你的目光里几乎不存在。

而我心里最美丽的地方，

却被你的光芒照得通亮。

别人都不曾费心走那么远，

别人都觉得寻找太麻烦，

所以没人发现过我的美丽，

所以没人到过这里。

我爱你，

因为你帮着我去理解

那生活的不堪。

你没有把我

当作你路上的客栈，

而是内心深处虔诚的圣殿；

对于我的工作，

还有我琐碎的每一天，

你不是去责备，

而是为我倾情歌唱。

我爱你，

因为你给予我的，

远甚于任何山盟海誓，

都是为了我好；

你给予我的，

比任何的恩惠还要多，

也都是为了我的幸福。

你给了我这么多，

没有一次接触，

没有一句话语，

没有一个暗示。

你给了我这么多，

仅仅是因为你就是你。

也许这才是作为朋友

最终的真谛。

感谢你跟我一起读完，也希望你跟我一样发现，诗里的这一句"都是为了我好"正好跟父母们常挂嘴边的"都是为了你好"遥相呼应。区别在哪里呢？如果你愿意，可以将这个问题当作这一章的课后作业，也可以当作长长一生中常常三省的练习，想一想，写一写，歇一歇。

我的理想是成为爸爸这样的人

在《给孩子一生的安全感》这本书里，我给大家推荐过的韩国电影《扑通扑通我的人生》清晰地为我们展示了如果孩子的"物我"得到无条件的接纳和支持，那么孩子将有多么自信和幸福。所以，我们今天再次请出这一家三口。

影片的主人公是一个患有早衰症的男孩，才十来岁，却满脸皱纹、老态龙钟，还有各种老年病，在别人眼中就像一个怪物。可是，他年轻的父母面对世人的偏见和嫌弃，却坚定地给予孩子无条件的爱和支持，帮助他建立自信，使他温暖地度过了自己短暂而充满爱的一生。

片中有许多感人的画面。有一次，一家三口在广场上坐着，妈妈抚摸着孩子布满皱纹和老年斑的脸说："好聪明，我的儿子这是像谁啊？"然后夫妻俩争着说："眼睛像我，聪明像我……"孩子坐在爸妈之间，一脸的满足和幸福。

　　回到现实生活里，你有没有发现：似乎孩子越大，这样的画面越是稀有，家里最常听到的，不知什么时候变成了"你跟你爸一个德行！""你跟你妈一样烦人！"……

　　如果我们是孩子，听到父母这样说，会有什么感受呢？

　　一个9岁的小女孩说："爸爸妈妈都不喜欢我，我不是一个好孩子。"

　　另一个17岁的男孩说："我就是他们互相攻击的武器，所以我不想回家，不想被他们用来用去！"

　　电影里的男孩，当被问到"如果有来生，你想做个什么样的人"时，他说：

　　"我想成为我的爸爸。"他还写了一首非常感人的诗——《父亲》。

　　爸爸问我：

　　如果有来生，你想成为什么样的人？

　　我很大声地回答：

　　爸爸，我想成为我的爸爸。

　　爸爸问我：

　　你可以有更好的未来，为何要成为这样的人？

　　我害羞地小声回答：

我要成为爸爸这样的人，然后

像你一样生下我，体会一下爸爸的心情。

很想再次问问大家：有没有什么时候，我们也听到孩子真诚地说：

"爸爸、妈妈，我想成为你们那样的人？"

如果没有，也许我们需要反思：

有没有什么时候，我们一边渴望孩子自信，一边不断打击他们的自信？

有没有什么时候，我们一边渴望孩子独立，一边不断剥夺他们的独立？

有没有什么时候，我们一边说着爱，一边却连自己都厌弃？

……

如果有，请停止。停下来，系统养育才有可能真正发生。

一位妈妈总觉得自己的女儿长得不够好看，总是说"皮肤再白一点就好了""额头不那么大就好了""发际线再低一点就好了"……事实上，这个孩子无论长相还是能力，在别的妈妈眼里都已经是"天花板级别"了。

我问这位妈妈："您对自己和孩子爸爸的长相满意吗？"

她噗嗤一声笑出了声。原来，她的所有"再××一点就好了"，其实都是把对孩子爸爸长相的不满投射到了女儿身上。看起来在抱怨女儿，但潜台词却是"都怪你爸，拉低了你的颜值"；看起来抱怨的是爸爸的颜值，其实真正的不满却是"你爸太随遇而安，不够努力和优秀，没办法给我们更好的生活"。

生活中，很多父母跟这位妈妈一样，并不了解一个重要真相，那就是，当父母总是在孩子面前明枪暗箭地抱怨另一半时，孩子会感受到巨大的内心冲突和情感压力。对孩子来说，父母一样重要，一样是自己想要信任和敬仰的人。即使是调侃式的相互贬低，也会让孩子不知所措，不知该站在谁那一边，同时还会觉得：不管父母谁贬低谁，都是在贬低自己，因为自己身上各有父母的一部分。

家庭心理治疗中，常用"同盟"和"三角化"来描述这样的情况。当父母想要拉孩子作为同盟，家庭关系就会出现三角化——父母的冲突和焦虑转移给了孩子，孩子唯一的选择，往往只有生病。

所以，无论对于孩子的"物我"还是"心我"，父母一定要记得的是——

养育，而不是利用。

不利用孩子来攻击和孤立伴侣，也不利用孩子来实现自己的人生欲望。

很多父母，并没有意识到自己的做法是在利用孩子，因为每一种利用行为的表面都裹着一层叫作"为你好"的糖纸，父母是真的相信自己在为孩子好。

一个高二男生，母亲被诊断为抑郁症，一直在服药治疗。母亲难过的时候，经常紧紧搂着男生，边流泪边亲吻着他的脸，说"要不是为了你，妈妈早就不想活了"。男生很难过，也很痛苦：难过的是看到母亲生病自己却无能为力，痛苦的则是母亲的亲吻让他感到无以名状的羞耻，似乎自己完全没被当作一个长大的人看待。

对于母亲的行为，男孩既不能接受又不敢拒绝，唯恐一不小心母亲就真的自杀了。于是，每次母亲亲吻他，他就偷偷用美工刀割自己的手臂来缓解内心的痛苦。他知道，自己也开始抑郁了，也需要得到帮助。可是，当他终于鼓足勇气跟爸爸诉说时，爸爸的第一句话却是："千万不要让你妈知道你生病了，你要坚强点，担负起让妈妈活下去的重任！"

很想提醒每一位青春期孩子的父母，表达爱和亲密时，一定要记得尊重孩子的身心自主权。以身体的方式存在的"物我"，在这个阶段非常敏感，既渴望温暖依靠又需要独立空间，任何越界的亲密都是伤害。

身心主权，作为"物我"和"心我"健康发展的重要保障，对所有年龄段的孩子和成人都同样重要，神圣不可侵犯。这25年来，我一直在呼吁停止对孩子的身体惩罚，任何形式、任何理由都不可以。有人说，打孩子是为了让他们有敬畏心，可是暴力带来的只有"畏"和"恨"，何"敬"之有？每次讲座时，我都会提醒父母们：不要让自己成为霸凌自己孩子的人。事实上，在家经常被打的孩子，到了学校，往往不是成为被霸凌者，就是成为霸凌他人的人。

更令人心痛而愤怒的身心侵犯，是发生在家庭中的性伤害。不是每一例家庭性伤害事件都得到了法律的及时干预，更不是每一位父亲或母亲都知道如何保护受到伤害的孩子。一位重度抑郁、长期服药的中年女性，每每回想起自己的大学时代就痛不欲生。她说，那时最怕的就是放假，因为学校不允许学生留校，可回家就会被父亲骚扰。她也曾试着告诉过母亲，可母亲不但不信，还反过来骂她"脑子有病，外国电影看多了"。

不只是女生，男生被骚扰甚至伤害时，更加难以得到父母的保护，因为即使他们鼓足勇气求助，父母也常常要么不当回事，要么因为怕丢面子而让他们"算了，别说出去"。如此重大的身心创伤，会让这些孩子的人格发展严重受阻，长期遭受抑郁折磨，即使取得了某一方面的成就，也仍然有深深的自我厌弃和耻辱感，甚至最终放弃生命。

所以，"物我"层面的养育，一定要记得，不要忽视或质疑孩子任何一个关于身体不适的描述，因为说出来，可能已经耗费了他们一生的勇气。

除了这些极端情况外，任何与孩子身心发展阶段不符的期待和要求都会带来伤害。反观日常的家庭和学校教育，有没有发现我们似乎总是在孩子小的时候把他们当作大人，希望他们成熟稳重、管好自己；而在孩子长大之后，却又总想把他们当作孩子，希望他们顺从依附、不离不弃？

对"物我"的另一种错位养育是：幼儿园里想方设法让没有午睡需求的孩子睡觉，中小学里想睡觉的孩子却总没有足够的时间睡觉。于是，到了大学及工作之后，就有越来越多"除了睡觉的时候不困，其他时候都困"的人。

适当的午睡有助于健康，但幼儿园午睡却成为一些孩子的"幼儿园噩梦"。这些孩子没有午睡的需求，可如果遇到虽然一番好意却不懂儿童身心差异的老师，往往会被强制性地要求必须午睡。有的孩子因此而抗拒去幼儿园，父母如果再雪上加霜地指责批评他们，他们甚至可能出现身心和行为问题。老师有老师的无奈，也需要父母的支持和理解。这时，比批评孩子更恰当的做法是与老师和孩子一起讨论，实在睡不着的时候可以做些什么来避免影响其他小朋友。我女儿小时候也是这样一个精力旺盛的"不午睡宝宝"，幸运的是，园长妈妈和老师们十分尊重孩子们，午休时分，不想睡觉的孩子们就悄悄地跟着老师一起为班级做手工，这样一来，不仅避免了"午睡阴影"，还收获了满满的成就感和归属感。

到了中小学阶段，身心快速发育的孩子们其实更需要足够的睡眠保障。但《中国睡眠研究报告2023》显示，学生群体每晚平均睡眠时长为7.74小时。《南方都市报》"中小学生睡眠情况调查"则显示，约22.3%的受访中学生每天睡眠时间不足7小时，达不到这个年龄段孩子睡眠时长的"最低线"。

睡眠不足对人有多大影响呢？历史上曾有过几次睡眠剥夺实验。其中一次是1963年，一个17岁男孩为了挑战连续不睡觉的吉尼斯世界纪录而主动要求进行的，斯坦福大学睡眠研究专家威廉·德门特教授成为实验的实施者。在此之前，已经有实验证明连续15天剥夺睡眠，最终会导致猫的死亡。结果，男孩第二天开始感觉"自己的头好像被遮住了"，第三天视线开始变得模糊，第四天开始出现妄想及幻觉……他的状态越来越差，脾气也越来越暴躁，到第十天时，工作人员已经没办法和他交流了，他的智力出现严重障碍，呼吸率及心率都大幅度提升，免疫力下降，血液循环系统也开始出现问题。最后，在经过264小时25分钟的时间内没有睡觉之后，他终于创下了吉尼斯世界纪录。可是，尽管这项纪录得到了吉尼斯总部的承认，但由于连续长时间不睡觉可能会对人体造成严重的伤害，随后吉尼斯又撤销了该纪录。

几次睡眠剥夺实验都显示出睡眠对于身体和心理的休整非常重要，连续缺觉可能会导致身体功能紊乱，甚至会因此而死亡。

高焦虑的时代背景下，"全民缺觉"似乎已成常态，儿童、青少年也不例外。中国睡眠研究会2019年发布的《中国失眠障碍诊断和治疗指南》显示，成年人及儿童、青少年均存在"不愿睡"的问题；2022年发布的《2022年中国国民健康睡眠白皮书》则显示，越来越多的成年人睡眠时长不足6小时；而教育部颁布"睡眠令"和出台"双减"政策后，6~18岁儿童、青少年睡眠不足8小时的占比还在增加 (2019年为62.90%，2022年为67.03%)。

我的一位13岁小来访者告诉我，即使周末没有补习班了，她也总是很早起床，很晚睡觉，因为"好不容易才有一点点属于自己的时间，不舍得浪费"。

也许你会说，作为父母也很无奈，因为我们无法掌控整个社会大系统的节奏。那么，我们不妨先从自己可以掌控的家庭小系统开始，增加一些仪式感，共同提升和改善家庭成员的睡眠品质。比如，睡前一起泡泡脚，用灯光营造温馨氛围，选择舒适的床上用品，放慢语速降低声调说话，等等，让每个人的身心逐渐进入放松的睡眠准备状态。如果有人入睡困难，可以帮他/她把被子从当中对折，一半压在身体下面，一半紧紧裹住身体，然后吉祥卧(舌顶上腭，向右侧睡，两个膝盖并拢，右腿微弯，左腿伸直。右手大拇指压放在耳垂珠后边，手掌置耳前，左胳膊自然伸展搭在身体上)。——这些外公在我孩提时代就教会我的事情让我受益至今，所以我也总是不遗余力地分享给更多的人。

睡觉也是一种"修行"，是"物我"的重要培养过程。提到"专心睡觉"，外公常跟我提起有高人能在扁担上睡觉，因为做到了"制心一处""一心不乱"。正是因为有这些"物我"的培养基础在，所以尽管常常要忙到半夜，常常要出差满天飞，但只要有机会，我总是能即刻入睡，定时醒来——说睡五分钟就睡五分钟，好像身体自己就是个定时器。

高品质的短睡眠胜过低品质的长睡眠，所以帮助孩子提升睡眠品质是弥补现实原因造成的睡眠时间不足的唯一选择。不仅是入睡，醒来的过程也一样影响着孩子的身心。我和女儿都没有过"起床气"，因为我从小总是被热乎乎的洗脸毛巾唤醒，女儿则总是在妈妈和外婆的歌唱声中醒来。

"物我"准备充分了，"心我"才可以更好地发展。如果你有过学习唱歌或弹奏乐器的经验，你也许还记得老师们常说的一句话："身体先准备好！"——写字画画，香道茶道，莫不如是。

"物我"养育，还有一个重要而宝贵但却常常被忽略的细节，那就是，与孩子共进早餐。虽然早晨时间紧张，但如果全家能从容不迫地坐在一起用餐，即使再简单，也能为孩子的身心开启能量满满、安定从容的一天。早餐供脑，也供心。

在我的童年记忆中，每天全家一起吃热气腾腾的早餐、轮流说说自己的梦，是最温馨的画面之一。那时的我，很认真地说："我以后也要像妈妈一样，每天早早起来给大家做饭！"妈妈则会笑着回应："这是我们家的传统，我也是跟你外婆学的。不管多难多忙，老老小小早上一定要吃口热饭再出门。"

我身边有许多父母，无论多忙，早上也一样会给全家张罗好"可以坐下来吃"的早餐；无论多忙，只要有可能，一定会首选"回家吃晚饭"。向这些爸爸妈妈致敬，因为对他们自己和对孩子们来说，每一顿全家愉快共进的早晚餐，都是"物我"人格发展和完善无可替代的养分。当然，其前提是"正饮食不责"——吃饭时不训儿。

在《生命教育7堂课》里，我分享过外婆的一些育儿智慧，其中有一条"吃饭时不许教训孩子"，来自明代思想家吕坤《呻吟语》里总结的"七不责"："卑幼有过，慎其所以责让之者。对众不责，愧悔不责，暮夜不责，正饮食不责，正欢庆不责，正悲忧不责，疾病不责。"

如果"你品，你细品"就会发现，"七不责"正是古圣先贤们为我们留下的系统养育的智慧精华之一，与中医的脏腑情志理论紧密相关，既关怀孩子的"物我"，又关怀孩子的"心我"，我们将在下一章里细细品味。

"物我"层面的养育，还包括接纳孩子与自己不一样的口味。

我女儿小时候，有一次周末休闲，我们各买了两袋自己喜欢的零食，边吃边看书。过了一会儿，女儿把手伸了过来，说："妈妈，你吃得好香啊，我尝尝你吃的究竟是什么味道。"

我求之不得，立即抓了一大把萝卜脆片和橙皮丁给她——早就希望她改吃健康零食啦。

女儿拈起一点放进嘴里，小心地咀嚼了两下，紧接着，原本一脸好奇的她突然变得龇牙咧嘴、眉头紧皱，挥舞着小拳头冲我呐喊："妈妈！这简直是'地狱般的享受'！我宁愿被老师批评五次，也不愿'享受'这个味道！"

我大笑："哈哈哈，好的好的，我懂我懂！'我之蜜糖，汝之砒霜'——再也不给你吃啦！"

女儿同情地望着我，问："妈妈，你没事吧？为什么喜欢这么怪的味道？难道你从小就喜欢吗？"

我摇了摇头，说："不，小时候我跟你一样，也有很多的不喜欢，比如觉得香菜分明是臭菜、芹菜有股药味、茄子简直是杀手……不过，长大后，味觉突然变了，不但不再讨厌这些食物，而且开始像大人一样喜欢了。所以呢，这世界上有一些菜，叫作'半辈子菜'——前半辈子你受不了它，后半辈子你却可能迷恋上它。"

女儿若有所思地点点头，说："哦，我懂了，就像有的人，你以前可能觉得他/她很讨厌，但后来却成了好朋友。也像有的事，你以前很讨厌做，但后来却喜欢上了……但是，为什么呢？"

为什么呢？这是一个好问题，因为带着觉知思考为什么的过程，其实正是自我心灵成长、亲密关系修复的曼妙疗愈过程——

先说半辈子菜。为人父母之后，很多人都会忘记自己也有"这不吃、那不吃"的小时候。所以，"半辈子菜"就常常荣升为一道独特的家庭"教具"——当孩子对它们表示出厌恶和排斥的时候，伺机已久的父母们会"唰"地将它上升到人生幸福的高度，满脑子飘荡着"休想通过食物来违抗我""绝不能太娇惯""挑食长不高"等的执念，劈头盖脸一顿训斥之后，再软硬兼施、威逼利诱，非要孩子现在就与半辈子菜"结缘"。至于孩子为什么不喜欢，似乎完全不在考虑之列。事实上，假如我们了解孩子的味觉与大人不同，大人喜欢的味道可能是孩子的"毒药"，孩子的食物过敏源和过敏程度不同，表面的挑食可能是他们的身体在阻抗危险而不是父母的话，是不是会更容易做到放下评判与焦虑，更尊重与接纳孩子们的选择呢？是不是会更放松而自在地相信：现在不喜欢就不喜欢呗，反正是半辈子菜嘛，该喜欢的时候自然就喜欢了呢！

再说说半辈子人。无论父母还是子女，每代人都有每代人的青春期，每代人的青春期都会出现一批为长辈们所不容的"另类人"——从摇滚到嘻哈、从喇叭裤到洛丽塔，无论你看不看得惯，他们就在那里，不卑不亢，不迎不拒。而青春期亲子关系的紧张，有很大一部分原因正是在于父母接受不了充满陌生感的孩子，渴望将他们变回"正常人"。事实上，假如我们了解每一种另类都是对自我的探寻，每一段陌生之后都会复归于常态的话，是不是会更容易做到放下担忧与嫌恶，更包容孩子们青春期的迷茫与躁动呢？是不是会更放松而自在地相信，现在跟我不同就不同呗，反正是半辈子人嘛，该一样的时候自然就一样了呢！

以此类推，还可以有"半辈子事"。比如弹钢琴，现在不喜欢就不喜欢呗，反正是半辈子事嘛，该喜欢的时候自然就喜欢了呢。退一步说，就算"下半辈子"还是不喜欢，那又怎么样呢？——允许每个人有自我选择的权利，每个人才有可能真正为自己的选择负责，并且在半辈子菜、半辈子人和半辈子事之中，渐渐成为那个真正想成为的最好的自己。

有一个阶段，女儿突然喜欢上了我最怕的味道——螺蛳粉味。第一次大义凛然地给她煮完螺蛳粉，我就带着满身的"臭味"赶到了电台，与主持人对谈"幸福的味道"。我说："对我来说，此刻身上的味道就是幸福的味道。虽然以前对它避犹不及，虽然我完全不理解为什么女儿会喜欢，但能为她做一件她喜欢的事，我就会觉得很幸福。"一位妈妈后来感动地说："林老师，以前我连女儿的袜子都嫌弃，更别说给她煮螺蛳粉了……现在才发现：对孩子把心打开了，能接受的东西就越来越多了。这，也是母亲的力量，对吧？"

之所以能够圆融地接纳女儿的喜欢和不喜欢，是因为我从小也被这样接纳着：外公做花卷，问我想吃甜的还是想吃辣的，我说想吃又甜又辣的，外公就真的照我想要的做，丝毫不质疑我的奇怪创意；我很怕吃肥肉，但那时能买到肥肉已经很不容易，父母也不责怪我，只是把肥肉切成纸片一样薄后，做成香香脆脆的过油肉，边看我吃边疼爱地说，"我们家有一张香香嘴！"

除了接纳不一样的口味，父母还要敞开心扉，试着接纳孩子与我们不一样的审美，就像我们的父母最终接纳了我们的喇叭裤、牛仔衣一样。

有一次，我应邀去一所中学讲课。课前，我请老师先收集一下孩子们关心的话题。孩子们非常积极，提了许多问题，其中一个是："我妈妈不喜欢我玩Cosplay（即角色扮演，指通过服装、道具、造型等方式，还原动漫、游戏作品角色的一种活动）怎么办？"

我请与他们同龄的女儿先回答。女儿说："各有所好，不强求啊。她不喜欢你玩Cosplay，但也许会喜欢二次元周边？聊你们都喜欢的呗。"

"虽然我不理解你为什么觉得这个好看，但我捍卫你觉得好看的权利。"这是我常半开玩笑对女儿说的话。

我也常想起小时候的自己。外公一生修行，在他眼里最朴素的才是最美的，额外的装饰都是多余的。可是，在那个物质匮乏的年代里，他却会想方设法收集一些丝绸缎带，积攒起来为我做成一朵朵精致小巧的头花——因为我喜欢。

被看见和尊重的"物我"，才可以顺利发展到下一个阶段，就像女儿现在提都不再提螺蛳粉，而我也越来越喜欢朴素之美一样。

愿意成为长辈那样的人，并且真的慢慢具备和传承了他们身上的优秀品质，是多么幸运、幸福而充满力量的事情。

愿你和孩子也成为这样的人。

本章小贴士

"物我"养育，关键词是"生活"。父母要做的是，回到生活里，脚踏实地，与孩子一起兴致勃勃地活着。

亲子作业

1. 找个安静的时间，问问自己："我喜欢和父母在一起时的自己吗？我有没有想过要成为父母那样的人？"

2. 找个愉快的时间，问问孩子："你喜欢和父母在一起时的自己吗？你有没有想过要成为父母这样的人？"

3. 找个可能的时间，问问父母："你喜欢和父母在一起时的自己吗？你有没有想过要成为父母那样的人？"

4. 静静地看一看上面三个问题的答案，与父母、与你身边的孩子和你心里的内在小孩分别拥抱或握手，感谢他/她的表达，更感谢他/她与你同在生命的大系统里。

第五章

社会关系系统——"心我"养育

开始本章内容之前，我们先来回顾一下前面讲到的内容——

每个孩子都曾想成为更好的自己，只是碎片化的教育和学习让很多父母缺失了系统思维的能力，所以无法看见和养育完整的孩子。要与全人而非完人相遇，需要我们先建立起系统养育观，从系统人格的视角来重新认识自己、认识孩子、认识生命。

从系统人格理论来看，我们每个人的人格都包含四个部分：与习性对应的"执我"、与物性对应的"物我"、与心性对应的"心我"、与慧性对应的"慧我"。这四个部分相互关联、相辅相成，以螺旋发展的方式贯穿人的一生。所以，育儿即育己。

如果说"执我"层面的养育像照镜子——父母透过孩子看见自己的执念并不断学习放下的话，那么"物我"层面的养育则像植松柏——枝头郁郁葱葱，各自迎风而立，根系苍劲发达，彼此紧密相依。

这一章，我们将要谈到的"心我"层面的养育，则可以比喻为"兴修水利"——流水不腐，户枢不蠹。清理和疏通亲密关系的源头活水，"深淘滩，低作堰"，因势利导，让父母与孩子都广结善缘。

　　"深淘滩，低作堰"是世上年代最为久远且唯一留存的水利工程都江堰的治水名言。这"六字真经"，不仅是卓越的治水理念，更是古人留给我们的人生启示和智慧箴言。2020年疫情期间，我应邀为中国水务集团授课，特别引用了都江堰工程来帮助大家学习自我及团队的心理管理。后来，给其他企业讲课时，我也经常会引用它来阐述压力与情绪管理的奥秘。在我心里，它更深刻的价值在于启迪我们更好地进行生命管理，构建和养成世代受益的系统人格体系。

　　要获得这"六字真经"的智慧启迪，我们需要先像孩子一样仔细听听都江堰的故事。

　　都江堰坐落在成都平原西部的岷江上，古时候每当有山洪暴发，洪水就会流入成都平原引发洪灾；到了枯水季，平原又会发生旱灾，颗粒无收。于是在公元前272年，李冰父子奉命前往岷江，根治水患。他们先花了8年时间，在玉垒山凿出了"宝瓶口"，又在岷江上游修建了分水堰"鱼嘴"，将岷江分为内外两江，外江用来排洪，内江则由宝瓶口流入成都平原用来灌溉。为了应对汛期和枯水期水量变化带来的灾害，他们又修了"飞沙堰"。当流入内江的水过高时，洪水就会自动漫过飞沙堰，将溢出的洪水排向外江；而遇到特大洪水时，飞沙堰就会自动垮塌使江水流回岷江。与此同时，当汹涌的江水遇到飞沙堰时，还会将泥沙抛向外江，从而确保内江的通畅。简而言之，宝瓶口、鱼嘴和飞沙堰组成了一个有机系统，巧妙地完成了分水、排沙和泄洪三大重任，这才造就出如今大家"来了就不想走"的天府之国。

"深淘滩，低作堰"，是指每年岁修清理河床泥沙时，一方面淘沙要淘到一定深度，确保有足够的蓄水量来保证灌溉；另一方面又要把飞沙堰的堰顶修低一些，以便于排洪排沙，起到"引水以灌田，分洪以减灾"的作用。

了不起的都江堰，在游客眼里也许主要是一个"网红打卡点"；但在水利工程专家眼里，它蕴藏着巨大的科学价值，包含系统工程学、流体力学等，及至今日仍处于科技前沿；而在我眼里，它是"心我"养育的"活化石级"教科书。

接下来，我想邀请你跟我一起翻开这本"书"，看一看如何在"心我"层面与孩子一起"深淘滩，低作堰"。

我们前面说过"心我"是对应以情感和思维形式

存在的、无法直接被看见和触碰的生命属性的人格层面，来自各种关系的构建。比如，在安全稳定的依恋关系中长大的孩子，会觉得自己是美好的、珍贵的、值得被爱的；而在不安全的依恋关系中长大的孩子，则会觉得自己是多余的、讨人厌的、随时可能被抛弃的。

被誉为"法国弗洛伊德"的心理学大师拉康，最早用"镜像自我"的概念描述了这种现象。他认为，我们总是通过观察他人对自己行为的反应而形成对自己的评价。就像一个6~18个月的婴儿，通过照镜子观察镜子中的人和自己动作表情的关联，发现"宝宝笑，他也笑"，然后慢慢认识到镜子中的那个人是他自己，并逐渐对自己的样子产生概念和印象，开始知道"这是宝宝"。

如果说镜子的功能是帮助孩子认识物我的轮廓的话，那么他人，尤其是母亲的目光、表情和行为反应，则是一面虚拟镜子，帮助孩子确认"心我"的轮廓。如果孩子笑，妈妈也笑，孩子的"心我"就会形成一个概念——我是可爱的，愉快的我就是我；相反，如果孩子笑，妈妈却板着脸，孩子的心我则会形成另一个概念——我不可爱，愉快的我不是我；如果妈妈一直板着脸，孩子的笑容就会逐渐消失，然后开始烦躁、不安、哭泣，成为在妈妈这面镜子里看到的那个"不可爱、不愉快的我"。

设想一下，如果在孩子的成长过程中，父母像哈哈镜一样，不仅无法让孩子看到自己本来的样子，还不断给予孩子冷漠、负面或扭曲的反馈，孩子会得到一个怎样的"心我"呢？

很多父母可能会委屈地说："我也不想做哈哈镜啊，但情绪一来我就管不住自己了。"如果你也这样，那么是时候运用都江堰的智慧来"治理"你的亲子关系和情绪洪水了。

先说"深淘滩"——

大家都说中国人很注重"关系"，没有"关系"寸步难行，所以常常要"疏通疏通"。可是，作为人生第一份也是最重要的一份关系——家庭关系，却似乎很少进行"疏通清理"，有的甚至处于年久失修、泥沙俱下、非旱即涝的状态。

这份最重要的关系对于孩子来说，就像岷江之于成都：不治理就会带来持续的灾难，治理好了则可以灌溉千年，成就一座心灵的天府之国。因为它决定了孩子自己与自己的关系而自己与自己的关系是其他一切关系的基础。

所以，就像家家户户春节前都要大扫除一样，为人父母的我们，也需要为家庭关系立一个"腊月二十四，掸尘扫房子"一样的岁修规矩，定期深淘滩，减少负累，储蓄能量——把关系中积累的问题泥沙清理出去，也把自己的贪嗔执念清理出去，同时不断学习，提升涵养，厚德载物，留出空间盛放汹涌而至的情绪洪水，盛放—蓄积—转化，再以爱的方式流淌出去灌溉孩子的心田。我们还要向古人学习，"凿"一匹代表警示的"石马"安置于亲子关系的"江心"中；每当"石马"显露，便说明到了该疏浚"河道"的时候。

再说"低作堰"——

都江堰工程中，堰的存在，是为了保障内江多余的江水和沙石可以得到及时排放，确保宝瓶口不多不少的稳定水量。如果水量和泥沙量过大，它还要随时准备自行溃堤。堰既要保证引水区有足量的清水，又要解除洪涝威胁，所以一定要"低作"。

亲子关系中，父母的自我主张和价值判断就像飞沙堰一样，需要担负起关系中"排沙泄洪"的重要任务，如果"修"得太高，就会带来灾害。当孩子进入青春期，情绪的"水量"和"泥沙量"猛增时，父母还要随时准备自我经验的解构与重构，而不是固执地死守自己认为对的观点，与"泥沙"叫板。"低作堰"意味着父母要放下"我过的桥比你走的路多"的骄傲身段，在亲子关系中修炼自己谦虚包容的美德。

一个14岁的男孩，两年来一直感到胃部不适，总想呕吐，医院所有的科室都检查过，没有任何生理上的病变。母亲带他来咨询，男孩跟我聊创作、聊太空、聊二次元和NPC（non-player characte）。第一次咨询快结束时，他说："痛快！终于有人听我讲这些了！"我问他："以前从来没有人听你讲吗？"男孩从鼻子里发出一声冷笑，说："哼，他们那些自以为是的人，根本听不懂！"我又问："他们包括……"

男孩说："比如说我爸，专家当惯了，总觉得他就是宇宙最高标准，每次不管我说什么，他都一副不屑一顾的样子，还动不动就叹气说'你们这代人尽整一些不着边际的事，未来堪忧啊'……"

我点点头，说："所以，你只好把所有的话都咽回去，让你的胃替你盛放着。越放越多的时候，就会越来越不舒服，而呕吐，可以暂时缓解这种不舒服，是不是这样？"

男孩两手一拍，说："对！就是这种感觉！"

我邀请男孩将双手掌心叠放在胃部，引导他做放松练习，学习感谢自己的胃，感谢它替自己承受了那么多。同时，我们约定了两周后再见，继续天马行空的青春话题。

第二次来咨询时，母亲含着眼泪，欣喜而感恩地说："林老师，太谢谢您了，孩子胃部的不适消失了，这两周都没有想吐的感觉了！"

孩子的变化是我意料之中的，我为妈妈"揭晓谜底"，然后跟她一起讨论如何邀请孩子的爸爸一起加入到"深淘滩，低作堰"的心灵系统工程中，为孩子的心我发展营造良好的关系生态系统。

良好的家庭关系生态系统就像心灵的"都江堰"。都江堰在不破坏自然环境的前提下充分利用自然资源，人与自然和谐相处，历经数千年依然生生不息，成就了"水旱从人，不知饥馑，沃野千里，世号陆海"

的天府之国；而家庭关系生态系统，也可以在不破坏孩子天性的基础上充分调动资源，父母与孩子和谐相处，即使有冲突也可以从容化解，成就"身心合一、知行合一、天人合一"的心灵天府之国。

我们前面提到的"七不责"，正是古人留给我们的系统思考、身心合一、"深淘滩，低作堰"的典范之一。我们一一来看。

（1）对众不责

意思是，不在公共场合或人多的地方责备孩子。尤其想提醒大家的是，尽量不在孩子的同伴面前责备孩子，因为随着年岁的增长，孩子们会越来越在乎同伴关系。公开责备，会让孩子感觉被羞辱，自尊心受到伤害，从而产生自卑、压抑或敌意：有的孩子会觉得从此在别人面前抬不起头，出现人际关系敏感、社交恐惧等问题；还有一些孩子，甚至会出现"精神剥夺性矮小"。美国耶鲁大学的一项研究发现，长期被谴责、长期神经紧张和抑郁的状态，可能会影响生长激素的分泌，从而影响身高发育。而且，女孩被长期责骂后的身高影响更明显，因为女孩通常比男孩发育早，大脑比男孩更细腻和敏感。

一位妈妈，青春期时曾被母亲当着同学的面羞辱，说她"长得比谁都难看，心却比谁都高"。她说，从那以后她总是独来独往，却依然觉得所有同学都在议论她。她偷偷用美工刀划手臂，让身体的疼痛暂时转移内心的痛苦。长大后，她遇到了跟自己有同样经历的男孩，两人惺惺相惜走到一起，约好了以后对自己的孩子坚决不做这样的事。可是，她说，"就像着了魔，不知不觉我们竟然又在重复曾经让我们痛不欲生的事。女儿才8岁，身高比别的孩子矮不说，还一个劲喊头痛，看了好多医生也没看好，唉……"

我跟这位妈妈一起讨论和制订了家庭辅导计划，同时建议她带孩子看中医，从身体的层面一起帮助孩子。第二次来咨询时，妈妈说："中医说是压力过大，肝气郁滞导致的。"我点点头，告诉她之所以建议她同时看中医，是因为中医的系统观和整体观正是我们将要进行的家庭辅导和人格调适同样需要遵循的。从中医学的角度来看，肝属木，脾属土，在五行之中，木克土，肝克脾。也就是说，如果肝气不舒，可能会影响脾胃的消化吸收功能，人就容易出现食欲不振、困倦乏力、发育迟缓、偏头痛等，情绪也会越来越低落，甚至罹患抑郁等情志疾病。

同样，从系统人格论的角度来看，当父母带着未被疗愈的"执我"层面的嗔恨养育孩子时，孩子的"物我"就变成了父母嗔恨的承载者，而"心我"则会被汹涌而至的情绪泥沙裹挟吞没，错失向上健康发展的时空，只能被迫向下螺旋，落入习性中贪嗔痴的旋涡。

父母作为家庭心理文化的管理者和建设者，可以学习曾国藩的心理管理之道："扬善于公堂，规过于私室。"

而能做到这一点的父母，一定懂得再小的孩子也需要尊重；对孩子的行为说"不"的时候，也要记得对他的生命说"是"。

（2）愧悔不责

意思是，孩子已经为自己的过失感到惭愧后悔了，千万不要再雪上加霜、变本加厉地继续责备。事实上，很多时候父母是在借着责备孩子发泄自己积压的各种情绪，包括工作上的、生活上的、婚姻里的、童年未被疗愈的……

如果我们多一双觉察的慧眼就会发现让孩子来承受父母自己都承受不了的情绪，是件多么残忍和不公的事。

孩子已经愧悔时，父母如果继续加戏，会使孩子羞愧过度、思虑过重、脾脏受损。我们的古圣先贤两千多年前就在《黄帝内经》中指出，生命的"先天之本"在肾，是人体生命之源，是提供身体器官生长发育的原动力；"后天之本"则在脾，包括消化吸收和造血系统，为身体提供营养物质，而"久思则伤脾"。

也许你会说我不"加戏"，怕孩子不长记性，然而过犹不及，在父母过度的责备里，孩子往往记不住父母具体在讲什么，唯一留给他们的，只有紧张压抑的情绪性记忆，以及久思伤脾所致的"物我"及"心我"的发展困境。

（3）暮夜不责

意思是，晚上睡觉前不要责备孩子。我外婆常说的一句话是："天大的事，明天再说，娃娃莫生隔夜气。"

从中医的角度来看，孩子们脏腑娇嫩，神气怯弱，容易受到惊吓。晚上责骂孩子，他们会带着沮丧失落的心情上床睡觉，很容易因为心神散乱而辗转反侧、夜不成寐，即使睡着了，也会夜啼夜惊、噩梦不断，有的孩子甚至会出现长期失眠。睡眠对孩子"物我"的发展和大脑神经的发育至关重要，如果长期睡眠不足或质量不高，孩子的注意力和记忆力水平就会持续下降，进而影响智力发育。而他们的"心我"，也会陷入情绪困扰中。

我们在"物我"这一章中谈到过睡眠对身心健康的重要性。西方也有一句俗语说：永远不要带着怒气上床。美国《神经学》杂志上发表的一篇研究显示，与清醒状态相比，睡眠可能让我们的情绪性记忆更加牢固，让人愤怒的画面更长久地闪现。带着"气"入睡，心跳和呼吸都会加速，导致失眠或严重影响睡眠质量。

分享给大家一首我的外婆唱给母亲、母亲又唱给我听的古老摇篮曲。仔细读歌词，你会发现，每句话都是一个画面，每个画面的主角都是孩子；孩子做的每件事，都温馨可爱，甜甜蜜蜜；随着这些温馨甜蜜的一句一句歌词，一段一段优美的曲调，走着走着，孩子就被催眠到了汤圆裹芝麻一般安然而柔美的梦境里。这样的"物我"和"心我"醒来时，世界仿佛都会更加明亮起来。

闪娘娘，早早来，给我们宝宝送个瞌睡来。

宝宝睡着了，妈妈好做鞋，

做一双，花花鞋，宝宝穿上好上街。

走上街，走下街，走到王婆米市街。

不吃王婆烟，不吃王婆茶，

要吃汤圆裹芝麻……

每一个暮夜，愿每个孩子与大人都能枕着这样甜美的歌谣，而不是满怀的嗔恼入眠。

（4）正饮食不责

意思是，吃饭的时候不要责备孩子。在中医看来，脾胃作为"后天之本"，是"仓廪之官"。吃饭时责备孩子，容易使孩子胃的功能受损，影响食物消化吸收，出现各种胃部不适症状，还会造成孩子厌食，继而导致营养不良、发育迟缓。

在心理咨询工作中，我们常将胃称作"情绪器官"，因为胃肠道是非常敏感的人体器官，一个人的情绪状况常常通过它表达出来——过度紧张、兴奋、低落、愤怒等时，胃肠都可能出现各种不适。情绪会通过植物神经系统来影响胃部功能，所以即使我们再三否定和回避真实情绪，"物我"也会通过胃肠诚实不欺地表达出来。尤其是有考试焦虑的孩子，每到考试前，他们总是会出现腹痛、腹泻等"肠易激综合征"。也有的人，即使已经为人父母，每当要当众发言或独立完成某项工作时，也依然会出现肠道易激反应，吃不下东西、便秘或者反复上厕所。

还有一种形象的描述，把肠道称为人体的第二大脑，因为它拥有庞大的肠神经系统，与大脑有着密切的联系和沟通。肠道里有的神经元数量甚至超过了一些动物的脑部，可以独立地控制一些消化过程，而无须大脑的参与。肠道和大脑互相影响，大脑可以通过神经和激素信号影响肠道的活动，而肠道则可以通过释放化学物质来影响大脑的功能和情绪。新的研究还发现，抑郁症、焦虑症等精神健康问题可能与肠道微生态的失调有关。

"物我"与"心我"息息相关，身体是心灵的殿堂。有统计显示，内科门诊病人中，70%以上患的是心身疾病。这便是我将"七不责"放到"心我"章节来从头细说的原因。

如果说很难有一个上限标准来衡量究竟怎样的家庭教育才算好的话，那么我们至少可以借鉴古人的智慧，为家庭教育以及一切教育立一个下限标准，那就是不伤害原则。

时刻牢记这条原则，做到"正饮食不责"，保护孩子的第二大脑，为"物我"和"心我"的发展提供良好的软硬件支持，就不再是一件难事了。

（5）正欢庆不责

意思是，孩子正高兴的时候不要责备。我猜，读到这一条时，不少父母会暗暗脸红一下，因为不知从什么时候开始，"扫孩子的兴"开始变成了家庭教育的一部分。大人们仿佛达成了一条共识：不能让孩子太高兴，否则他们就会忘了学习。

其实，事实正好相反。心理学实验的结果显示，人们的学习能力和解决问题的能力在快乐的状态下比在不快乐的状态下更强。

我们再来学习中医的视角，中医认为"心在志为喜""喜则气缓"。所以，孩子高兴时，全身经脉正处于畅通状态，父母这时责备训斥他们，就好像往他们身上突然浇了一盆冷水，很容易引起经脉郁滞，真的会伤到孩子的"心"。而"心者，君主之官也，神明出焉"——心的功能是统率全身脏腑、经络、形体、官窍的生理活动，影响着精神、意识、思维和情志等心理活动。如果心的生理功能正常，孩子会精神振奋、意识清楚、思维敏捷；如果心脉被伤，则会导致心悸心慌、胆小易惊、失眠、神志不定，出现各种心身问题。

我曾指导一些妈妈训练自己共情孩子的能力。她们慢慢学会了一件重要的事：在孩子们看来不应该、不合理的言行举止中，找寻合理的部分，然后与孩子同频。比如，一个孩子打游戏闯关成功手舞足蹈、喜不自禁时，父母可以先共情和同频孩子成功的喜悦本身，让孩子感受到在情绪上父母与自己并肩而立，然后才有机会在事后表达自己对于游戏的看法，重新建立规则。

孩子快乐，这本是为人父母的初心，如果我们巧用第一性原理，走好四个步骤：溯源（孩子想要感到快乐）—拆解（孩子在游戏中体验到的快乐，包含成就感、满足感、沉浸感、掌控感、归属感……）—重构（在现实生活中，有没有什么活动可以重构和满足孩子这些需求呢？）—迭代（升级原来的亲子沟通和干预模式，没用的方法停止使用，新的方法不断尝试），那么我们至少可以不再做扫兴的父母。

（6）正悲忧不责

意思是，孩子悲伤和忧愁的时候，不要责备。在孩子高兴时泼冷水的扫兴父母，往往也是在孩子难过时伤口撒盐的父母，因为在他们的认知体系里，情绪和感受不重要，结果和目标才重要。然而事实是，如果没有回应情绪以及情绪背后的需要，那么最终要么"拼得开花也不得结果"，要么虽得结果却熄了生命那盏灯。

中医认为，悲伤与肺有关。如果悲伤过度，就会伤肺；肺伤了气不足，就会对生活缺乏激情和斗志，身心的免疫力及抵抗力都会降低，容易杂病丛生。

悲忧伤肺而致抑郁的代表，林黛玉是其中一位。假如黛玉一直有父母陪伴身边，假如父母在黛玉悲忧时总能给予最温暖的怀抱和最恰当的共情，那么以她的才情，将给这世间带来多少美好的创造。"休言举世无谈者，解语何妨片语时"——愿更多的爸爸妈妈成为孩子的"解语花"，而非"断肠草"。

（7）疾病不责

意思是，孩子生病的时候不要责备。日常生活中，孩子身体生病时，父母也许能忍得一时，暂时做到不责备，因为孩子的痛苦肉眼可见；但当孩子生了心理疾病，甚至自残自伤、住进医院时，很多父母却仍然会变本加厉地责怪孩子，因为他们对孩子的心理疾病感到委屈和愤怒——委屈的是，自己为了孩子的幸福承受那么多压力和痛苦，到头来怎么孩子比自己还痛苦；愤怒的是，自己已经拼尽全力，孩子有什么资格说不幸福。

太多的孩子已经痛苦到活不下去，父母却依然在他们耳边怒吼："我们为你操碎了心都没有抑郁，你一天到晚有吃有喝，凭什么抑郁？不要再作了！"……

把每个这样的场景掰开仔细看，大家才会一目了然。然而日常生活中，我们却总是"不识庐山真面目，只缘身在此山中"。正因为如此，我才要放下其他事务，夜以继日写作《爱孩子如花在野》这本书。

早一点让爸爸妈妈们看见和相信孩子"心我"层面的痛苦，多一个觉醒的大人，孩子们活下去的可能性就会增加一分。"尽我们的力量，让世界少一份遗憾"，这，一直是我和林紫团队不变的信念。

再来看中医的提醒："正气存内，邪不可干；邪之所凑，其气必虚。"人在生病的时候正气虚弱，身心都处于最脆弱，最需要关爱、照顾和休养的时候。爸爸妈妈如果在给孩子的身体加强营养的同时，也能记着养护孩子心灵的话，孩子就能重新正气存内，创造生命奇迹。

写到这里，我想起被医生判定生的"不是绝症，但比绝症还麻烦。绝症可以说得出一二三期，你这个病，遥遥无期"时，外公坚定地告诉我："丹儿（我的小名），用精神战胜疾病，我的腰病就是这样好起来的。"在外公的鼓励下，我又一次创造了连医生都不敢相信的奇迹——直到出院，医生也说不出我是怎么好的。

心灵的养护，不只来自外公。二十多年后，当我在爸爸的病床前照顾刚从ICU出来的他时，爸爸突然心疼地看着我，流着泪说："丹儿，爸爸这次生病，一直在回想你当时生病的样子。那时看到你受苦，爸爸每天都好心疼，比我自己生病还要难受……"这句话，爸爸以前从来没说过。虽然隔着二十多年，我依然再次感受到被疼爱的幸福，内心正气也再次获得了补给。

爸爸一生不失纯真童心，带给我们数不尽的欢乐，也最喜欢跟我们回忆那些他珍藏于心的欢乐时刻。他经常说起的一个画面，是我刚上小学的时候，每天放学回来就要给他当小老师，让他"身体坐直，小手背背好，现在跟我读——a, o, e……"至今，我还记得爸爸身体笔直，双手背在身后，大声跟我朗读的样子。爸爸这位我在这世上的第一位"学生"，去世前半个月，总是反复对我说："丹儿，你好啊！"我一直以为那是爸爸在夸我孝顺，直到后来其他长辈告诉我，老人临终前说后辈好是在祝福，我才恍然大悟。这句"你好啊"，和着爸爸冻在冰箱里他亲手剥的毛豆，再次成为我此生用之不竭的滋养"心我"、滋养生命的源泉。每次身体不适，我都会想起这句珍贵的"你好啊"，用它鼓舞我的身心。

疾病不责，同时呵护孩子的"物我"和"心我"，彼此祝福而不是抱怨，生命才能元气和正气满满。

猜猜我有多爱你，
而不是"猜猜我有多厉害"

我的母亲70岁时，还去幼儿园给小朋友们上了一堂生动的绘本课——《猜猜我有多爱你》。

这个绘本，是我们祖孙三代的最爱之一。虽然一转眼母亲已经离开我们四年了，但每每想到她，我就立即会看到她微笑着张开双臂，像故事里的大兔子一样说："我爱你，有这——么——多……"

很想邀请大家一起，在草地上围圈而坐，就着午后的阳光，一字一句共读这个月光一样纯净美好的童话——

小栗色兔子该上床睡觉了，可是他紧紧地抓住大栗色兔子的长耳朵不放。他要大兔子好好听他说。

"猜猜我有多爱你。"他说。

大兔子说："哦，这我可猜不出来。"

"这么多。"小兔子说，他把手臂张开，开得不能再开。

大兔子的手臂要长得多。"我爱你有这么多。"他说。

嗯，这真是很多，小兔子想。

"我的手举得有多高我就有多爱你。"小兔子说。

"我的手举得有多高我就有多爱你。"大兔子说。

这可真高，小兔子想，我要是有那么长的手臂就好了。

小兔子又有了一个好主意，他倒立起来，把脚撑在树干上。"我爱你一直到我的脚指头。"他说。

大兔子把小兔子抱起来，甩过自己的头顶："我爱你一直到你的脚指头。"

"我跳得多高就有多爱你！"小兔子笑着跳上跳下。

"我跳得多高就有多爱你。"大兔子也笑着跳起来，他跳得这么高，耳朵都碰到树枝了。

这真是跳得太棒了，小兔子想，我要是能跳得这么高就好了。

"我爱你，像这条小路伸到小河那么远。"小兔子喊起来。

"我爱你，远到跨过小河，再翻过山丘。"大兔子说。

这可真远，小兔子想。他太困了，想不出更多的东西来了。

他望着灌木丛那边的夜空，没有什么比黑沉沉的天空更远了。"我爱你，一直到月亮那里。"说完，小兔子就闭上了眼睛。

"哦，这真是很远，"大兔子说，"非常非常的远。"

大兔子把小兔子放到用叶子铺成的床上。他低下头来，亲了亲小兔子，对他说晚安。然后他躺在小兔子的身边，微笑着轻声地说："我爱你一直到月亮那里，再从月亮上回到这里来。"

我常常把这个童话推荐给爸爸妈妈们，哪怕他们的孩子已经长大。因为跟大兔子和小兔子不同的是，人类的家庭里在做的游戏似乎更多的不是"猜猜我有多爱你"，而是"猜猜我有多厉害"。

一位妈妈带着13岁的女儿来咨询。

妈妈说："从小到大，我们从不给孩子压力，不在意她的考试分数，不拿她跟别人家孩子比，更不会像别的父母一样'望女成凤'，唯一的期望，就是她开心快乐地成长。我觉得跟其他父母相比，我们已经做得足够好了，但不知道为什么，她还是感觉'压力太大'，整个疫情期间，在家里暴饮暴食，整天躺着，人都胖得变形了！我和她爸本来以为学校复课后，生活规律了，她也会慢慢恢复正常，可是没想到，她居然提出不想再上学了！这才初一呀，不上学以后怎么办？但我们又不敢劝，生怕哪句话说错了刺激到她……朋友圈里看到太多不幸的事件，让人又心疼又害怕，真的不知道现在的孩子究竟怎么了……"

女儿等妈妈说完，犹豫了很久，才鼓足勇气开口说："你们不只是'足够好'，在别人眼里，你们就是完美的父母——不要求好成绩、不打骂不缺席、事业有成、彬彬有礼……反正无可挑剔！别人都很羡慕我，但他们越是羡慕，我就越觉得压抑！从小到大，妈妈你总是跟我说你小时候多优秀、克服过多少困难、获得过多少荣誉、别人多么喜欢你……我觉得自己是你的女儿，就应该跟你一样厉害才对，所以就拼命努力，可是越努力，越觉得跟妈妈比，自己简直就是垃圾：

长得没有妈妈美，智商没有妈妈高，人缘没有妈妈好，心态没有妈妈积极……这么垃圾的我，再怎么努力也变不成妈妈一样完美的人，还不如现在就放弃……"

妈妈吃惊地张大了嘴巴，倏地一下坐直了身子，无辜地摊开双手说："天哪，妈妈一点也不完美！我之所以跟你说那些，是因为我一直以为，让你知道父母小时候的优秀，可以让你更自信、更勇敢、更坚强……没想到，却正好相反……怎么会这样呢？！"

"怎么会这样呢？"——几乎每一个家庭故事里，都潜伏着这样一句台词。很多时候，父母对儿女、妻子对丈夫、兄长对弟妹，无意之中似乎都在玩着"猜猜我有多厉害"的游戏。他们竭尽全力地展示自己的优秀，原本是为了给予爱和得到爱，却没想到"优秀"变成了爱的杀手，让对方压力重重，让亲密关系变成了竞争角逐。

不只是这对前来咨询的母女，还有更多的父子、夫妻、兄弟姐妹，因为过于强调优秀、完美和积极而越来越疏远。疏远的家庭关系里，每个人都很难放松地做真实的自己，很难分享自己真实的感受和所面临的困难，所以也就失去了共同面对的机会。而共同面对，才是"家"本来的心理功能和意义。

要想改变事与愿违的结局，可以向童话故事里的大兔子和小兔子学习，把家庭成员之间的"猜猜我有多厉害"，变成"猜猜我有多爱你"。

在"家"这个世界上最核心的团队之中，每个人都互为队友，彼此成全；每个队友都可以"很厉害"，但让彼此获得最大支持、共渡人生难关、最终成为"优秀团队"的，不是某个人的厉害，而是对"家"的信仰，这份信仰足以让每个成员坚定不移地相信："就算我不优秀、不完美，家人也永远与我在一起。"

就像这对母女，当妈妈对女儿的鼓励不再以自己的优秀为媒介，而是让女儿知道"我爱你，一直到月亮那里，再从月亮上回到这里来"时，家，就会变成向上生长的地方，支撑每一个不容易的孩子和大人，直到每个人都生长成他们自己的模样。

这个模样，是"物我"，更是"心我"的成长。

妈妈心中的岩石

虽然家庭关系是一切关系的源头，然而遗憾的是，很多人终其一生都不知道自己在家人眼中和心中究竟是什么模样。尤其是父母与子女之间，如果不及时沟通交流，误解乃至怨恨就会越积越深，以至于最后再也看不见彼此的"心我"。

所以，我常常会回想自己从小到大所得到的滋养，然后尽可能地分享出去，希望帮助更多家庭彼此看见、趁一切还来得及。分享不是炫耀，而是责任——在我看来，我们每个人都是大系统的一部分，每个人都得到过大系统的一部分馈赠，获得各不相同的特质和能力宝藏，也承担各不相同的责任与使命。生而为人的过程，正是各自贡献宝藏、承担责任、完成使命的过程，是利用各自的特质和能力共同创造的过程。就像每人手里都拿着拼图的其中一块，只有分享和贡献出来，才能一起在大系统中不断地接近圆满。

换句话讲，每个人的人格小系统组合到一起，创造和构成了更大的人格系统。所以，在"心我"和"慧我"层面，凡"我"之所得皆不敢私藏，也不必私藏。因为我们在小系统中所给出去的，最终又会从大系统里回到我们身上。

接下来我要分享的，是我所得到的至珍宝藏之一——母亲笔下的我。

母亲4岁入学，自幼热爱读书和写作，学校公告栏的优秀作文展示，每次都少不了她和舅舅姐弟二人。遗憾的是，十年浩劫终止了她的文学梦，于是她把写作的热情全都转移到辅导学生写作上。每每有学生发表了习作，她还会给他们买图书、文具等小礼物，鼓励他们继续努力。

就是这样的母亲，在世时我似乎从未想过要拜读她的文字，因为我的写作爱好和习惯完全是外公培养的，母亲则一心扑在学生身上。直至母亲离世，我在整理她的日记时才看见，母亲留下的唯一一篇写着标题的完整文章，竟然是写我的……

我心中的"岩石"

清晨7点，苑中除偶尔听到上班人的汽车发动声，一切都好像凝固了，静得有些可怕。

我坐在床上看屠格涅夫的散文诗《爱之路》。

当看到《岩石》一文中"……在涨潮的时刻，滚滚浪涛从四面八方冲向它——扑打它、戏弄它和抚爱它——

并且把散开的、闪亮的、珍珠似的浪花泡沫，泼洒在它长满藓苔的头上……"这几句时，不由得想起了女儿丹。

丹就像坚强的岩石，弱小的身躯却经受起了袭向她的一切重压。

出生才十五天，肺炎——新生婴儿肺炎，在一个狂风卷着沙土的夜晚，想吞噬这初出世的婴儿。

卫生队谷医生——一位经验丰富的医生，给丹打了一针抢救针，说："孩子病危，赶紧送二厂医院（那是比卫生队大的医院）。"没有车，我们包严了孩子，顶着风沙艰难地赶到医院，医生们立即抢救……半个月后，丹奇迹般地好了。

1977年冬天，天寒地冻。肺炎又一次侵虐着丹，丹再一次从死亡线上回到了我们身边。不能不说，这又是一个奇迹。

不管命运怎样对她，这个坚强的、聪明可爱的孩子带给大家的总是欢乐。无论她走到哪里，都得到大家的喜爱。她那双会说话的漂亮的大眼睛、那对深深的迷人的酒窝、那清脆甜美的声音、有礼貌的举止，总会使人驻足，让人欢喜地看着她，听她讲话。

在外公的影响下，丹善解人意，从小就懂得关心他人。她品学兼优，但从不骄傲。刚上初一时，一个湖南患小儿麻痹症的女孩，在书上看到了丹的习作，想要跟丹成为笔友。丹知道了她的情况，就一直跟她保持着书信往来，鼓励对方，同时自己也得到了鼓励。

丹像一面清澈的湖水，把美好的一切带给大家，自己毫无所求。面对荣誉、得失，她显得尤为平静，哪怕是关键的时刻。记得她高考那年，作为优秀干部和成绩优秀生，她本可以加20分，多宝贵！我多希望她能加这20分，但丹平和地对我说："妈妈，放心！我会凭自己的努力考上，让您为我高兴！"后来，她真的考出了文科班的最好成绩。

刚踏上工作岗位的那个严冬，丹再次被病魔——胸膜炎缠身。每天我都不忍心看医生那长长的拇指粗的针扎向她那弱小的身躯，抽取积水……丹再次创造了奇迹，回到了工作岗位。

一年后，怎么也没想到的是，丹的胸膜炎复发了，而且转移到了胸壁，更加严重，需要做胸腔手术。医生说伤口很难愈合，医院里也的确躺着一位开刀多年、伤口未愈合的患者。但无论病痛怎么折磨丹，也拿她毫无办法，奇迹仍然被她创造了。

　　我已经记不清这之后的哪一年，丹又一次从手术台上站立了起来，站得如此坚定。你都不敢相信，如此瘦弱的一个女孩，竟有如此顽强的生命力。

　　丹珍惜生命，珍惜每一个生命。她要尽力使每个生命都像花一样的美，所以她创办了"林紫心理咨询中心"。创业的艰辛可想而知，但她无论遇到多大的困难，也不退缩。她成功了，美好的愿望让很多枯萎的生命复活了，像花一样的美了……

　　丹就是我心中的坚强的岩石。

骥

二〇〇九年元月二十一日

　　和着泪看完文章，我把母亲的日记捧到胸前，再一次深深感受到母亲的力量。母亲的力量，透过朴实无华的文字，让我再次看见自己，看见自己的"心我"柔软但顽强，有爱且被爱，看见自己的善愿善行被母亲悄悄珍藏于心。

　　这样的看见，让我拥有了源源不断的力量去看见更多人，尤其是孩子们。

　　今年的圣诞，我收到一个小朋友给我的最好的赞美:"林紫老师,你送给我的礼物比圣诞老人给我的还要好!圣诞老人只送我学习的礼物,你送给我的才是我喜欢的!"

很想邀请每一位读到这里的爸爸妈妈,也能分享各自成长中得到过的"心我"的滋养。这份滋养,也许跟我一样来自家中长辈,也许来自老师同学,或者来自擦肩路人,甚至植物动物、大海高山、书籍电影……想请你问问自己:在这些滋养中,你看见了怎样的"心我"呢?

看见自己的"心我",才能看见孩子的"心我"。看见孩子如其所是的"心我",才能让孩子看见如其所是的他们自己。或岩石,或湖泊,都是这世间独一无二、不可替代的存在,一期一会,世当珍惜。

接受孩子采访,完成生命传记

2021年春节,我做了一件特别的事,带着电脑、纸笔和孩子,连续七天采访家中长辈,尽己所能地记录下长辈们心中弥足珍贵的记忆和可以传世的智慧。而采访线索,依然来自母亲生前的日记。

母亲的日记，字迹娟秀，思路清晰，仿佛早已勾画好了一条条通往岁月长河的蜿蜒溪流。淙淙琤琤间，便将我们带回了她的童年、少年与青年时代。那些年代，纵有诸多苦难，却丝毫没有掩盖住长辈们水晶般剔透的心灵，时隔近一个世纪，依然能够在一瞬间照亮我和孩子们。

母亲写道："我常想念儿时的故乡，它太讲卫生了。每天，天刚蒙蒙亮，各家各户就开始了室内外的打扫，还会连街道也随着一起扫了，不需要别人来划分任务……每年一开春，爱国卫生运动，全城出动进行彻底的大清扫，整个小城更是焕然一新……我们的小学校是让孩子们喜欢的地方。每学期，学校会组织学生旅行或露营，我们从旅行、露营中学到了课本上没有的知识和本领，在欢乐中健康成长。每学期学校会有大型文艺汇演，童话剧《森林中的宴会》《狼外婆》……全都深深地刻在我的记忆中。所以，我自己当老师以后，也给我的学生们编排了许许多多的童话剧……到了中学，除了学数理化外，更丰富的活动内容是种菜，那时学校的花园都变成了菜地，每个班都分得不少。课外活动会去菜地拔草、捉虫……"

我将这段文字读给舅舅听，舅舅频频点头说："是啊，我们小时候，连大门门框上都摸不到一丁点灰的。学校活动特别多，理化实验没有一个被省略的，还特别重视劳动课，鼓励每个班种菜，种得多还可以卖了当班费。每个学生都争先恐后，没有一个偷奸耍滑的。我后来当知青上山下乡，所有农活都难不倒我，就是因为学校实实在在教会了我们很多。"

我竖起大拇指说："好'奢侈'的学生时代啊！难怪您和妈妈经历了那么多磨难，心灵还能那么健康。除了外公外婆的言传身教，学校也功不可没，对吧？"

舅舅说："对，学校教育就是该让学生先学会做有血有肉的人，掌握基本的生存技能，培养健康的生活情趣，而不是变成读书的机器。"

我一边记下舅舅的话，一边总结道："教育的本质该迈向健康，让孩子们'安心'，让孩子们有信心过好这一生，而不是人生还没开始就失去了活着的兴趣。"

舅舅接着我的话说："是的，安心很重要。今天正好是正月初七'人日'，老祖宗们特别重视这一天，因为从初八'谷日'起，就要开始新一年的忙碌了，所以在'人日'人们通常都不出远门，在家收心静气，有的地方还会吃一碗'拉魂面'，把散乱的心神收回来。"

舅舅的话，让我想起2020年的正月初七，我特地写下一段文字，说："如果每年的这一天，我们都能够留作'安心日'或'省 (xǐng) 心日'——安顿好自己的身心，清扫好内外环境，管理好杂乱的欲念，不给小家、国家和这个世界添乱，那么这个世界会不会因为人的存在而更美好、吉祥一些呢？"

回到教育的话题——假如，学校和家庭能够使更多的孩子懂得万物互联，能够彼此关心，在生命与自然面前保持谦卑与敬畏，也许，这个世界真的会越来越好。

后来，我把这段家庭采访写成了专栏文章《春暖心安》。文章最后，我说："春暖心安，或许是我们能够给予孩子们以及这个曾经为我们所伤的世界最诚挚的歉意和最真实的疗愈。"

家庭采访是增进家人间相互了解和情感联结，增强孩子"家庭文化自信"，养育"心我"茁壮发展的极好方式。同时，如果家人能一起写一份家族日记，也将为孩子留下一笔取之不尽、用之不竭的"心灵遗产"，陪伴他们毕生的人格发展。

　　我常常觉得自己是家族中最幸运的人——我是外公一手带大的，所以也顺理成章地成为外公全部手稿和日记的保存者。外公自幼才华横溢，精通琴棋书画诗医茶，在故乡古城德高望重、远近闻名，但他一生淡泊名利、清心寡欲，早期的书画作品也在那段特殊岁月中遗失殆尽，日记中仅留下了为数不多的诗句随笔。然而在我心里，它比世上所有的名人真迹和孤本古籍都更弥足珍贵，因为它是外公留给我们最宝贵的心灵遗产，一字一句，都在传递着家族文化和长辈智慧，让我们清晰地知道：自己是谁，从哪里来，到哪里去。

　　母亲在世的时候，常和我一起翻看外公的日记。看到外公"偶忆志之"的东汉书法家崔瑗的"座右铭"，母亲说："'暖暖内含光，久久自芬芳'——记住：这就是我们的家训。"看到外公总结的习字心法，母亲说："有空的时候整理出来，习字静心，一代一代传下去。"

　　母亲去世后，我将外公的日记和母亲的日记放到一起，时不时拿出来温习和整理一下，就好像仍然伏在他们膝前，接受他们德馨睿智的耳濡目染。每次整理都有意想不到的发现，就好像长辈们在心灵的后花园里埋藏了无数的宝藏，而这些宝藏，只有在我们准备好和需要它们时，才会神奇地显现。

这一次我又发现了新的宝藏，依然出现在我的指尖触摸过无数遍的地方。外公50岁那年，为了支持正为克拉玛依油田的开发建设而日夜奋战的女儿，毅然别离故乡，乘坐七天七夜的火车、汽车，前往传说中"没有草没有水，连鸟儿也不飞"的克拉玛依，并将自己所见写成了随笔小记《旅疆》。

离巴山蜀水天府，达戈壁沙滩边疆。经陕宝（注：陕西宝鸡），过甘兰（注：甘肃兰州），嘉峪长城之终，玉门石油之田。峭崖陡壁随风去，沙漠草原逐眼来。天山之雪常年不化，新疆之景四时皆佳。烟囱似林，房舍如麻。电灯与星月争高下，星月暗淡；人们和天地做斗争，天地服驯（注：此处的"天地"，指当时恶劣的自然环境和天气）。人人生龙活虎，高山为之让路；个个英雄豪杰，低水为之随行。隆隆之声不断，辘辘之音常闻。真可是不毛之地成天府，实乃沙滩草原为良田。虽不是人间清暑殿，也可比天上广寒宫。昔谓不毛之地休矣，今乃丰产区域美焉！至疆所见，感怀颇深。青年奋进，虽苦犹甜。提笔记之，以防日久之忘。

鹤鸣　辛亥仲冬望日（农历一九七一年十一月十五日）记

一字一句地读完，我的心被深深震撼。没想到，那个异常艰苦的年代和地方，在外公心目中却有着完全不同的朝气蓬勃和昂扬生机！隔着半个世纪，年轻人热气腾腾的生命力依然穿透纸背、扑面而来，让人忍不住热血沸腾……外公不是看不见当时的艰苦，而是被青年人的奋进所感动，看见了不毛之地的丰硕未来。

紧接着，我又神奇地看见了38年后母亲在外公日记后写下的同样深情的一段文字：

我选择了克拉玛依——那曾是"风吹石头跑，无水也无草，夏天晒掉皮，冬天冻硬地"的地方，我无悔；

我选择了艰苦的工作（初是油田基本建设，后是教书育人），我无悔；

我尝到了人生各种滋味，它们使我变得无比坚定，也无比平静。

　　"天塌下来，有长汉子顶着"，这是父亲常说的话，是父亲告诉我们：要做坚强的人，勇于面对困难，战胜困难。

　　在我很小时，遇到挫折，听父亲这样讲，我就不怕了。那时，我认为"长汉子"就是父亲，他会为我们顶住一切；慢慢地，我们长大了，懂了父亲这句话的含义。凭着这句话，我迈过了许多沟沟坎坎，在艰难困苦面前做一个顶天立地的人。后来，我又常对孩子们讲这句话："天塌下来，有长汉子顶着！"希望他们也做顶天立地的、不怕苦难的人。

　　我觉得，这句话也深入到他们心中了。

2009年2月16日 骥

　　我将这两段珍贵文字分享给好友摄影家江桦，她热泪盈眶地说："好久没有看见这么情感真挚的文字、这么生龙活虎的年轻人了！现在的年轻人，物质条件极好，可精神状态实在无法对比呢！这样的家族日记和精神传承，实在太宝贵了……"

　　常有人问我："林老师，为什么你经历了那么多不易，却仍然还对人对事充满热爱？"

　　我说："因为从小到大，我得到的太多太多，所以总想把得到的多一些分享出去，而这一辈子，可能都分享不完呢……"

传承外公留下的日记习惯，我和女儿也有一本母女日记，从她三四岁以画代字，写到她的拼音时代，再到青春期。虽然篇幅不多，但我知道，将来有一天，这本日记也会成为她宝贵的"心灵遗产"，陪伴她毕生的发展。

2016年4月，不满7岁的她写道："亲爱的妈妈：谢谢你和我一起解决困难，和我一起想办法。"

2018年8月，不满9岁的她写道："妈妈：我爱您！！！您陪我经历了那么多，至少多得比什么都多。您还一直帮助我，鼓励我，表扬我……我真的好爱您！！！我不知道怎么感谢您，但我非，非，非……常爱您！"(哭了)

2020年12月24日，我在我们的母女日记中写道：

亲爱的宝贝：

今天又是平安夜，你睡下后，妈妈想为你准备一份特别的礼物，于是，又打开了这本珍贵的母女日记。没想到的是，一打开，映入我眼帘的，居然正好是2017年平安夜，妈妈写给你的信……

一时间，妈妈百感交集。一晃，三年过去了，这是外公走后的第四个平安夜，也是外婆走后的第一个平安夜，如果不是丽丽阿姨送来的圣诞树，我们可能都不会太记得这是个节日的夜晚……

三年来，我们经历了太多。尤其是我的宝贝圆儿，在短短的十年间，经历了两次生死别离，告别了最爱你，也是你最爱的外公外婆，"伤痛"两个字，都不足以形容……

这也是妈妈的伤痛。短短十年间，宝贝和我一起陪伴外公外婆，带给他们最宝贵的快乐，也享受他们最伟大无私的爱。我们都想为他们做更多，带他们去世界各地走走，给他们做美食，和他们一起唱歌跳舞……这一切，以后都只有在想念中实现了——还记得你生日前飞到卧室窗上停留整晚的那两只美丽飞蛾吗？它们是带着外公外婆的信息和祝福而来，告诉我们：

无论何时，无论何地

他们的爱永远与我们在一起！

所以，今夜，外公外婆其实也在和我们一起度过这个不同寻常的平安夜呢！

2020年，整个人类都在外婆走后遭遇巨大挑战，一位接一位的智者长者与受人尊敬的各领域杰出人物，变成了暗物质；而活着的我们，则是他们留在这世上的光。

这一年，妈妈忙着讲课、写作，帮助全国各地不同年龄、不同经历、不同境遇的人应对情绪问题。每个人都不容易，都可能经历最艰难的时刻，都可能想要时光倒流，想有机会纠正所有的错误与伤痛。然而，生命就像河流，奔流向前才是它最自然的样子。

所以，宝贝，从这一个平安夜开始，让我们带着逝去亲人和智者的爱与祝福，成为他们的光芒，照亮自己，也照亮世界；成为他们河流的一部分，继续奔流不息，一直向前！

宝贝，人生的路，说长很长，说短很短——它可以长到让我们体验各种滋味，峰回路转，创造一个新世纪；也可以短到挥手便是一生，一呼一吸，就是一次生命的转化与提升。

过去的十年里，感谢宝贝带给我的无穷无尽的快乐与幸福，也感谢你带给我的担心、生气与心痛——无论你怎么表达，妈妈都会用心倾听、仔细思考，看看我能从中学到什么，反思什么，有哪些地方要改进。

同时，妈妈也衷心地祝福你：

第二个十年里，平安、快乐、勇敢地做自己；爱惜自己、鼓励自己，与自己做"闺蜜"；学会更好地调节情绪，珍惜生命，珍惜我们一期一会的相遇；能够成为母女，是我俩多大的福报呀，对不对？

也希望：宝贝能结交更多的良师益友，享受友谊的地久天长，也接纳朋友的分分合合。无论世界怎样变化，内心平和是我们自己可以为自己做的最好努力。

内心平和，行动迅捷。"此心不动，随机而动""如如不动，全力以赴"。

平安夜，一切吉祥，人人安康。

妈妈

借着分享，我也很想邀请大家一起，加入到家族采访和家族日记撰写的行列里。

愿：每个家庭都有每个家庭的爱与智慧，每个家庭都可以为后代留一份"心灵遗产"，温暖他们长长的一生。

爸爸的味道

家庭之中，父母角色分工各有不同。这种不同不仅是现实层面的，也包括"心我"养育责任层面。在孩子"心我"部分的人格发展上，妈妈主要承担的是情感功能，而爸爸则主要承担着社会适应功能；妈妈更多的是提供情绪和情感支持，爸爸则需要帮助孩子建立起规则意识，学习如何面对权威，等等。

健康的家庭，父母孩子各归其位、各司其职，合作三赢；病态的家庭，父母孩子角色颠倒、职责混乱，三败俱伤。所以，每一个成功的家庭治疗案例，最终做的，都是让爸爸做回爸爸，妈妈做回妈妈，孩子做回孩子——角色归位了，"好戏"才能开场。

很多年前，我为杂志写过一篇文章是关于"妈妈的味道"的——这个诗意的描述，来自我的一位小来访者。他被爸爸带来咨询，原因是：奶奶好心把他用旧了的小枕头扔掉，给他换了个新的，他却毫不领情，先是大哭大闹，然后又把自己关进房间不吃不喝，谁劝都没用。爸爸觉得"这孩子不可理喻"，直到我用心理游戏的方式打开了孩子的心房，他才知道原来孩子觉得旧枕头上有妈妈的味道；而妈妈自从和爸爸离婚后，再也没来看过孩子，因为奶奶不允许。得知真相的那一刻，爸爸落泪了，他最终说服了奶奶，让母子俩终于实现了定期见面的愿望。

很多年后，我又写了一篇文章，是关于"爸爸的味道"的。

如果有人问你："你记忆中，爸爸的味道是怎样的？"你会如何回答？是烟草味、剃须泡沫味，还是常常被妈妈"鄙夷"的汗臭味？

于我，第一时间想到的是"盐味"。小时候，口味清淡的妈妈常常调侃重口味的爸爸，说他做菜是"打死了盐贩子"——太咸了。每当这时候，我就会搬出童话版的《李尔王》给妈妈看。童话里，国王问他的三个女儿："你们有多爱我？"大女儿说："父亲，我爱您就像爱糖一般。"二女儿说："父亲，我爱您像蜜一般。"小女儿则回答："父亲，我爱您就像爱盐一般。"国王大怒，觉得小女儿根本不爱自己，于是将她流放了。王后为了救女儿，想出一条妙计：下令为国王准备的所有菜里都不放盐。连续数日之后，国王终于明白了：盐虽朴实无华，却必不可少；这，才是真爱啊！

博览群书的妈妈，当然明白其中的奥义，所以每次也都会疼爱地轻点着我的额头，故作嗔怪地说："就你会帮着你爸！"

没错，我常常会"帮"爸爸，不仅是自己的爸爸，也包括许许多多前来咨询的家庭中的爸爸。比如，当妈妈们责怪爸爸不愿带孩子时，我会反问："是爸爸从来都不愿带孩子，还是爸爸不愿以您希望的方式来带孩子？"妈妈们往往先是一愣，然后哈哈大笑："对对对，如果我什么都不管，他还是愿意的；我一管，他就撂挑子！可是我怎么能不管呢？爸爸们带孩子的方式太可怕了，哪个妈妈受得了！"我接着问："所以，爸爸偶尔陪孩子玩的时候，您在旁边会做些什么呢？"妈妈们这时通常都会羞涩一笑，不好意思地说："唠叨、指责、抱怨、干涉……这些我都做过……难怪他总说，反正他做什么到最后都是错的，还不如不做……"

"反正是错的，还不如不做"，这正是许多爸爸心底里一言难尽的"味道"。最初，他们也想做个好爸爸，跟孩子在一起时，他们会回归童真，跟孩子一起摸爬滚打，玩些有挑战的"没大没小"的游戏，孩子也乐在其中。可如果旁边始终站着一位充满保护欲和心惊肉跳的妈妈，气氛就会截然相反：爸爸沮丧、孩子紧张，快乐戛然而止，焦虑极速上升。尤其是年幼的孩子在父母意见相左时，常常下意识地选择站在母亲一边，于是父亲就成了许多家庭里"爱的孤勇者"。然而随着岁月的流转，长大了的孩子会开始反思："真的都是爸爸的错吗？我一味地帮妈妈，是不是我错了？"

这样的反思，如果爸爸还在，孩子还可以告白，亲子关系就来得及和解；如果爸爸已离开，孩子就可能长久地活在愧疚、自责与遗憾中，当提起"爸爸的味道"时，无以言表，甚至泪湿衣衫。

妈妈与爸爸，在家庭中各有各的功能，各有各的味道，就像糖与盐，不宜过多，不可缺少。愿更多的妈妈适度放手，让爸爸们有机会留下他们自己的味道，留在孩子一生长长的记忆中。

母亲去世后，我在她的手机里看到一段她记忆中"爸爸的味道"："父亲，您在孩儿心中一直是岩上青松，傲立风雪；是严冬之梅，暗香留世；是直竹，不卑不亢！慈祥的您永远活在我们的心里。"

写到这里，想起我读中学时作为文学社社长去采访一位单位大领导。大概我在采访中的表现让领导感到意外，没想到一个中学生也能这么"深刻而专业"，所以结束时他笑着问："你是谁家的孩子？这么优秀！"我也笑了，想也不想地说:"我是我爸家的!"大领导哈哈大笑起来，竖着大拇指说:"好! 我为你爸爸高兴! "……

爸爸的味道、妈妈的味道，都是家的味道。家的味道，就是关系的味道，陪伴着每个人"心我"的成长，余韵绕梁，历久弥新。

做孩子的贵人

有一天早上，我订了网约车去办公室。上车刚坐稳，司机就开口了:"您的目的地是林紫心理机构? 您是心理咨询师吧? 我可以问您一个问题吗? "

我笑了，说:"可以啊。"

司机回了下头，说:"您看我，虽然长得急，其实才22岁。最近特别烦，烦了就想不停地吃，结果把刚减下去的体重又吃回来了，就更烦了。我也想过去参加减肥营，但心里的烦不解决，嘴上就停不下来;不烦的时候，什么运动啊自律啊那都不是事，哪还需要花钱去参加什么营呢? "

我点点头，说:"你真棒，虽然年轻，但把自己的问题根源梳理得很清楚。"

司机说:"嗯,您跟我刚认识,就一下子懂我了。可我妈当了我二十多年的妈,到现在还不懂我,觉得我还是一个什么都不知道的小屁孩,什么都要我听她的安排!"

我回应他说:"是的,很多孩子都有这个烦恼。妈妈最近有做什么特别的事让你那么烦恼吗?"

司机说:"逼婚呗!您知道吗?在我们老家,结婚都特别早,我的同龄人很多都做爸爸了。可我5岁就来上海了,一直在上海读书长大,接受的是国际大都市的文化教育和影响,我有自己很清晰的时间规划和安排。我原打算28岁结婚,结婚前多去做些自己喜欢的事,多交一些朋友,去不同的地方旅游。视野打开了,我才能真正知道自己适合什么样的女孩子,对不对?我觉得我想得很清楚了,也跟我爸妈说了无数遍,可他们就是不信我,尤其是我妈,为了逼我,居然给我下跪。"

司机的话,让我想起25年咨询工作中接待过的许许多多的父母和孩子,父母爱子情深,孩子却苦不堪言,因为父母会连他们的苦也一并否决掉,并盖上一个永久的封印:"你不懂!"

"我怎么可能不懂！"司机说，"我父母生意做得很成功，他们通过自己的努力把我送来上海读书，这在我们老家是很有面子的事，他们也希望我继续给他们争面子。但明明是他们锻炼了我的独立，现在却又要努力否定掉它！我现在被搞得恐婚恐育，就算遇到再好的女孩子我也不会愿意，因为人被逼着做一件事还有什么意思？"

我顺着他的话说："是的，你很想按照自己的节奏来生活，但你似乎也很在乎父母的感受，不愿看到他们难受，内心很冲突，所以才会烦，是不是这样呢？"

"对！"司机大声回答，"我其实也很爱我父母，希望他们放心、开心，管好他们自己就行，不用为我操心。但我妈跪在我面前的那一刻，我甚至也开始怀疑自己了……难道我真的错了？"

透过后视镜，我看着他紧皱的眉头，轻轻说："你坚持自己独立的想法，不但没错，还很宝贵。父母很爱你，原本也没错，但他们错在将你看作他们成功的一部分，觉得你不早点结婚就是他们的失败，会让他们的颜面受损。所以，他们从成全你独立能力的'贵人'一下又让你心烦意乱。听起来，如果不想两败俱伤，目前唯一的办法是：找到一位既懂你又愿意帮你，并且父母也尊敬的新'贵人'，请他作为你们'跨文化沟通'的桥梁，先让父母固执的观念有所松动，为他们自己的成功找到新的内涵，而不是用你的婚姻来填充。有没有这样的人呢？"

司机歪着头想了好一阵，一拍大腿说："有了！我妈最信我们那儿的一位道长，我去跟他说说！"

"道长"的出现，虽然出乎我的意料，但显然给眼前这位年轻人带来了希望，所以——也是极好的。

读到这里的你，不妨也问问自己：我是不断成全孩子"心我"的贵人，还是只想左右孩子"心我"的"小人"呢？

总有一种存在，令人慈悲满怀

几年前，我陪伴数年的一个家庭紧急预约了一场咨询，希望帮助正处于青春期的儿子处理好生离死别的伤痛。

二十多年来，我陪伴过很多孩子及成人面对丧亲之痛，面对亲人正常与非正常的离世。而这一次，有些不同——逝去的，是他们的家庭新成员、一只名叫星灿的5个月大的哈士奇狗狗。

星灿的名字，是爸爸想到的。因为儿子说希望狗狗的名字与自己的名字能有关联，而它来的那晚，星光满天。爸爸说，希望它的生命也能很灿烂。儿子非常满意，立刻点头同意，仿佛青春期的叛逆瞬间烟消云散一般。

星灿的到来，原本也是因为儿子。为了让孩子有比电子产品更健康的玩伴，为了让亲子关系多一份联结和亲密，"恐狗"多年的妈妈，毅然接受挑战，希望自己能为了儿子而克服恐惧，只是她确实还做不到长期与狗狗共处一室，所以两周后，星灿的小屋从室内搬到了庭院。

没过多久，孩子发现星灿有些咳嗽，于是反复提醒爸爸带它去看病。可是，爸爸太忙，直到两周后才有时间带星灿去医院。又过了两周，医生来电说："病得太重，无能为力，请考虑安乐死吧……"

爸爸愣了一下，然后偷偷地哭了。他放下手中的一切事务，赶到医院与星灿告别，同时开始分外担心起儿子。本就"毛焦火辣"的青春期父子关系，会不会因此而出现更大的危机？儿子的情绪问题会不会就此加剧？

咨询室里，我先单独跟孩子会谈。孩子哭了一会儿，渐渐平静下来后，我请他闭上眼睛，想象星灿就在面前，然后把心里想对它说的话都说出来。孩子深深地吸了一口气，缓缓地说："星灿，对不起，我们没有照顾好你……不管你现在在哪里、以什么形式存在，我都想让你知道：你是我们的家人，我们都爱你。妈妈不让你进屋里，不是因为她讨厌你本身，而是因为她讨厌病菌；爸爸没有及时带你看病，是因为他的事情真的太多太多，家里家外都需要他……希望你不要怪他们……"

当我征得孩子的同意，将这段告白的录音放给他的父母听的时候，妈妈放声大哭，爸爸也红了眼圈。他们说："没想到，孩子比我们以为的要宽容和成熟得多……原来，是我们要向他学习……原来，我们可以更信任他一点……"

我轻轻点头，然后与他们一起，向此刻以新的形式存在于新的时空的星灿致敬，感谢它这一期的生命，虽然短暂却照亮了亲子关系中曾被冲突掩盖的慈悲与智慧，让父母与孩子彼此看见、相互温暖。

这个历经磨难而始终有爱的家庭，很愿意将他们的经历和感悟分享给更多的父母，也很希望用文字刻录下星灿的名字，让它幼小的生命继续散发爱的光芒。

爱如常在，彼岸花开。愿每一个家庭都能看见彼此内心深处的柔软；也愿每一对父母都能够懂得孩子与小动物之间无法言说、无可替代，又无上真纯的心灵友伴关系，这份关系同样参与到"心我"的养育和成长中、人生的风霜雪雨中，让我们始终坚信：

总有一种存在，令人慈悲满怀。

📍 本章小贴士

"心我"的养育，与关系有关。如果被养育过程中，关系给"心我"足够的安全、肯定和温暖，整个人格系统则会更有弹性和包容度。父母需牢记："深淘滩，低作堰""七不责"，家庭角色各归各位，然后巧用家族采访和家族日记等方式，培养孩子的"家庭文化自信"和家族归属感。

亲子作业

1. 请分别用一种植物或动物来代表你眼中的自己和孩子，写下来，并分别在前面加上一个形容词。比如：冷静的雪绒花和热情的火烈鸟。

2. 采访一下孩子，看看他/她眼中的你和他/她自己，分别是怎样的"形容词+名词"组合。

3. 与孩子一起讨论你们在各自的答案里发现了什么。

4. 参照下面这幅"都江堰工程示意图"，和孩子一起绘制一幅"家庭关系治理图"。看一看你们的"鱼嘴""飞沙堰""宝瓶口"分别可以是什么；当情绪洪水来临时，你们会如何建"金刚堤"、分离"内外江"。再看一看，你们绘制的治理图，是不是可以灌溉出包括自己在内的家族成员共同的"心灵的天府之国"。

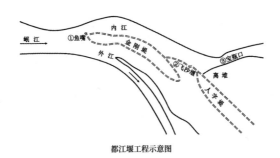

都江堰工程示意图

第六章

自然生态系统——"慧我"养育

这一章，我们将谈到整个人格系统螺旋上升的"启明星"——"慧我"。

之所以称它为"启明星"，是因为它对应着慧性，是我们作为人与天地万物发生感应和关联的部分，也是我们在长长的一生中能够实现自我照顾的力量来源。"慧我"越强大，越能引领我们生生不息地螺旋上升，融入更大的系统中，迈向生命的圆满。

养育"慧我"，需要美的熏陶，需要大自然的怀抱，需要我们与智者对话、与善真同行。世间万物，都是"慧我"的老师，也都可以成为"慧我"的一部分。

小时候，外公总是会在太阳初升之时带我跑步、做操（现在才知道，那套操叫作"金刚功"）。新疆的日出，美到极致，天是天，地是地，地平线是真的地平线——壮阔、大气、一览无余，近在眼前，又无尽延伸到浩瀚宇宙里。我们祖孙俩并排站在金色的光芒里，仿佛站在天边，伸手就可以触摸到宇宙和朝阳。

做完操，外公会指着地平线，跟我讲王羲之学习书法的故事。

王羲之少年时曾拜在卫夫人门下学习书法。卫夫人教王羲之写笔画"点"的时候，会让他去看悬崖上的石头，想象石头坠落的力量；教"一"的时候，会让王羲之站在广阔的平原上，凝视开阔的地平线，看地平线上的云层如何缓缓向两边漫舒；写笔画"竖"的时候，则把王羲之带到深山里，让他攀着一根老藤，借着藤的力量把身体吊上去，悬在空中，感觉藤的强韧。

外公说，"高峰坠石""千里阵云""万岁枯藤"，既融进了王羲之的书法里，更融进了他的生命里。"写字，也是做人，身要端，心要正，要有与天地对话的本领。"

我的心灵天空里，飘舞着一只很美很美，永远不会断线的风筝——明黄色的身体，长长的尾翼，身体上面有一个大大的毛笔字——"恒"。

风筝是外公给我做的，字也是外公写的。虽然喜欢外公的字，但是当他把"恒"字写到风筝上的时候，十来岁的我还是很不解，也有一点点小情绪，觉得黑色的字让黄色的风筝不那么漂亮。我问外公是什么意思、为什么要写，外公放下笔语重心长地说："有恒乃成功之本。希望你以后做什么事情都要有恒心。"

现在想来，这是外公对我的一次"具象化"治疗！就像现在，我常常会请我的来访者选择一些物品来代表他们所需要的心灵力量一样，这只黄色的风筝，也成了我具象化的"恒心"，在每一个人生的关键点上引领和鼓励着我。感谢我亲爱的外公，也衷心希望每一位家长都能够为自己的孩子放飞一只可以引领和鼓励他或她一生的"风筝"，在他们的心灵天空中，在悠远漫长的岁月旅程里。

外公对我的"慧我"养育，融入我成长过程中的每一个时刻，从未断却。走在雪地里，外公会给我讲关于雪的打油诗："天上处处张飞，地下处处李白。双手捏起陈抟，一脚蹬个曹操。"小小的我笑得前仰后合。就这样，学习，对我来说变成了永远伴随快乐情绪记忆的事情。

快乐是可以传承的。若干年后的一个春天，我们带着3岁的圆子去郊外踏青，顺便让她过两个月一次的"垃圾食品节"(我家的特殊节日，目的在于既让孩子少吃不健康食品，又适当满足她的需求，以免压抑)。圆子一边看着金灿灿的油菜花，一边一片接一片地吃着薯片，看着她小嘴不停，大家觉得很可爱，于是每人一句玩起了打油诗："一片两片三四片""五片六片七八片""九片十片十一片"，轮到圆子了，她想也不想地抱着薯片就钻进菜花田里，开心地接："躲入菜花吃薯片！"

像山一样思考，像花一样开放

2020年芒种那天，我给一家世界五百强企业讲了一堂不大一样的心理课，主题是"2020年，唤醒生态自我，解锁内在生命力"。

什么是生态自我呢？简单来说，就是能够像山一样思考的"我"。想象一下：当你像山一样思考，会跟现在的你有什么不一样？

对山来说，你登或不登，我就在那里——即使不如珠峰耀眼、没有高士隐身，也一样经历着春夏秋冬、草木枯荣；

对山来说，你爱或不爱，我就在那里——即使不如都市繁华、没有门庭若市，也一样记录着花谢花开、蝴蝶自来。

所以，或秀丽或伟岸，不管他人怎么评说，你都能自成一派——因为知道自己是大自然的一部分，草木虫鱼是你，日月星辰是你，人来人往也都是你。你的存在，是包容、是陪伴、是存在。

存在就是意义，所以你以自己的方式成全鸟兽虫鱼、成全喧闹或寂静。你不会焦虑，因为你在的每一天，都在遵循着规律。

所以，有了生态心理学，它来自深层生态学，同时更关注自然对人类的启迪；所以，有了"生态自我"的新概念，意思是，把自己看成一个充满生机的全球生态系统中的一部分，看见自己与其他生命交织在一起，看见你中有我、我中有你，万物互联。

从生态自我的角度来回答"我是谁"这个古老的经典名话，答案是：我即一切，一切即我。

我即一切，所以生态自我是利他的，它有一种照顾和保护所有生命的深切需要，不仅仅以人类为目标。

一切即我，所以生态自我很少焦虑，因为一切都是最好的安排，只要合乎规律地生长，该去的自然会去，该来的自然会来。

认识生态自我的最好途径，是让身心全然地回到大自然。一位恐高症父亲，为了改善日益紧张的父子关系，带着儿子前来参加我带领的自然体验活动。当四十多岁的他穿戴好设备、从20米高的天坑边缘缓缓降下的时候，一向桀骜不驯的青春期儿子突然冲过去，紧紧地抱住了他。他眼中闪着泪光，说："本来觉得自己做不到，但一想到儿子在下面看着我，恐惧和焦虑突然就消失了，唯一的念头是：世界那么大，儿子需要我。只有我突破我自己，儿子才能突破他自己。我要让儿子看到爸爸的勇气，绝不让他像之前的我一样，活在焦虑和恐惧中！"

　　同时参加这次亲子自然活动的，还有一位强迫症妈妈。当被强迫症状困扰多年的她，跟孩子一起脱了鞋踩进泥地里的时候，一向被不停地要求"洗啊洗"的儿子，满含热泪地扑进了妈妈的怀里，因为他知道：妈妈总有一天不会再因为"脏"而拒绝自己拥抱的需要——从小到大，自己等了整整十年！

　　十年，可以树木，也可以毁掉一个孩子、一对夫妻、一个家庭。而山依然是山，不管你的速度快慢、节奏如何，它都可以接纳和包容，允许每个生命慢慢长成它们自己的模样。

　　最近有一位像山一样思考的妈妈，因为儿子经过二十多年的努力，亲手用商业载人飞船将人送入太空，而被越来越多的人了解。她就是"钢铁侠"马斯克的母亲梅耶。当全世界都在质疑儿子，说他是"骗子""傻子"时，梅耶始终像山信任雄鹰一样信任和支持着他；当全世界都在崇拜儿子，说他是"天才""神人"时，梅耶也像山一样自然地说"Who knew? I did!"——我早就知道！

　　儿女们的精神力量，来自母亲梅耶；而梅耶的力量，来自从小跟着父亲荒野求生、活在自然里。所以，离婚没有让她焦虑，贫穷没有让她焦虑，儿子退学创业也没有让她焦虑，全世界的否定和怀疑更没有让她焦虑，因为她尊重和相信自己及孩子们本来的样子，相信The Best Time is Now——最好的时机就是当下。

安定而有力地活好每个当下，你也一样可以像山一样思考，像花一样开放，唤醒生态自我，解锁内在生命力，拥有自己不焦虑的人生。

Who knew? I did!

生活意味着什么

2020年，从大寒到谷雨七个节气里，我除了带领家人一起抗疫、带领团队一起做心理援助，还带领数万朋友一起读了一本经典著作——奥地利心理学家阿尔弗雷德·阿德勒的《自卑与超越》。

实际上，这本书的英文原名是What Life Could Mean to You，意思是：生活对你意味着什么？我很喜欢这本书的原名，尤其是在2020年这样一个特殊时期，它显得格外有意义。

那个特殊时期，因为病毒的袭击，每个人都被措手不及地带到了这一灵魂拷问面前。无论是生死逆行还是居家战疫，无论是痛失亲友还是自我隔离，无论国内还是国际……骤然停下向外追赶的脚步后，越来越多的人开始向内反思："生活，对我来说究竟意味着什么？人为什么而活着？什么才是生活的意义？"

八十多年前，阿德勒也进行了这样一番自问自答。在他看来，自有人类历史起，这个问题便已经存在了，但人们只有在遭受失败时才会发出这样的疑问。他说："人们都生活在意义的领域之中，我们所感受的并不是单纯的环境，而是环境对人类的重要性。"至于生活的意义，每个人都有不同的答案，答案不在于一个人怎么说，而在于怎么做。每个人都把自己的答案表现在行动之中，在一举一动中蕴含着对这个世界和自己的看法。

不同的人赋予生活不同的意义，没有绝对正确，却有高下之分——相对好的意义，可以让我们"对实际生活中所有状况应付自如"。

"实际生活中所有状况"——这九个字，在新冠疫情尚未结束的2020年，听起来分外沉重。从对于疫情最初的恐慌，到逝者叠增的震惊，再到居家隔离的焦虑、复工与否的担心、家中网课的鸡犬不宁……都是实际生活，然而又都是我们所不熟悉的生活。

于是，很多人乱了方寸。"父母""子女""夫妻"，各种角色重归家庭，突然有了大把的时间"在一起"。

这或许是"家庭"最初本来的正常模式，但疫情之前，大家早已习惯了另一种样子——全家人各有各的忙碌，各自承受着各自的心事和哀乐喜怒，没有时间思考生活的意义究竟是什么，更没有多少机会好好练习和准备一个屋檐下的长相厮守。

一位全职妈妈来电咨询时说："本来以为这段时间先生在家，我终于可以喘口气了，结果他和儿子天天势不两立，我随时都得充当救火队员，真是累死了！"而先生则说："老婆和儿子根本不把我当回事，我觉得自己简直就是多余的！"

一个考研失利又失了恋的大学生，本想在家里疗伤再战，但父母三天两头拿别人家的孩子给他的伤口上撒盐，催他赶快找工作挣钱，不然"早晚要吃尽生活的耳光"。他绝望地说："为什么父母要这样诅咒我？！"

在我看来，家，应该是生命和生活开始的地方。健康的家庭，除了发挥教育和经济功能来满足物种延续和财富积累的现实需要外，首先更该发挥情感功能来满足心灵的需要。所以，从人类的可持续发展角度来说，病毒带来生命威胁的同时，也带给我们一个机会来重新思考：生活和家庭，对我们究竟意味着什么？

中国自古崇尚天人合一，每个节气都有每个节气的特殊意义。比如立夏之日，会玩一个传统游戏叫作"秤人"。愿我们也能学着古人的样子，将生命中那些真正重要的人放在心灵之秤上，称一称他们在我们心头的重量。

生活的意义，就在我们的行动中。愿每个人都能赋予生活相对好的意义，从而最终"对实际生活中所有状况应付自如"。这，也正是"慧我"的使命。

春天不是读书天

2021年，趁着清明假期，我们带着女儿圆子"重返"山林，在峨眉半山找了个清静角落小住三天。

第一天，圆子放下行李就想去坐缆车，我一边答应着一边推开露台的门，然后"哇"地惊叹了一声。

圆子不屑地嘟囔"有什么好'哇'嘛！"，一边却也忍不住凑到露台上向外张望。

正午时分，露台外面其实没有什么特别的景色，除了山水树木、飞鸟虫鱼，就只有河面上两只怡然自得的鸭子。不过，圆子立刻发现了其中的奥秘，也连连惊叹："哇！那只小鸭子居然在倒着滑水！哇！它居然可以在水面上快跑！哇！它飞起来了！好牛啊……"就这样，鸭子完胜缆车，牢牢地吸引住了那颗原本有点躁动的小心灵。一个下午，我们就这样闲倚着栏杆，画画、喝茶，不再急着要"去哪里""做些啥"。

第二天，我们沿着山路漫步，看大蜗牛背小蜗牛，听圆子用竹叶吹出的小调，然后遇见了浩浩荡荡的"蚂蚁军团"——小蚂蚁们排着整齐的队伍，井然有序地向着遥远的山林深处"拉练"。我们悄悄地跟随着它们，看它们如何翻越障碍，如何跨过沟堑，如何将一段树枝当作"电梯"成功到达彼岸……

第三天，我们在竹林里听到一阵"笃笃笃笃笃……"的声音，圆子开心得手舞足蹈，又生怕"惊飞鸟"，压低了嗓音悄悄说："嘘——啄木鸟！"我们仰头，却遍寻不着，声音也消失了。圆子捡起一颗小石子，按照刚才听到的声音节奏，轻轻敲击竹子。果然，神秘的啄木鸟很快又发回了信号："笃笃笃笃笃……"

离开前的傍晚，隔壁住进来一家三口。隔着露台，只听见一个稚气的声音反复说着："爸爸，我好想你哦！你这几天都可以陪我玩吗？爸爸，你真是太好了！"接着，爸爸的声音也传了过来："爸爸也想你，爸爸陪你，哪都不去……"稚气的声音又说："太好了！爸爸，那你把手机关掉，你听小鸟在唱歌呢！你听见了吗？"露台这边的我们，心都融化了，在夜色下的大自然里，在生机盎然的春天里，更在孩子直指人心的深情里。

回到都市，久不发朋友圈的我，分享了几段大自然馈赠于我们的视频。没想到，朋友们的留言像春天的气息一样延绵不断地扑面而来。大家说得最多的是："我也去过那里，我怎么没看到呢？你总能发现那么多的美！"

我开玩笑地回复说："因为'春天不是读书天'。"

"春天不是读书天"，这句话原本来自明朝的一首打油诗。1931年，陶行知先生却用它作了一首发人深省、阐释教育真谛的诗，告诫世人"生活即教育"，要读活书——花草是活书，树木是活书，飞禽、走兽、小虫、微生物是活书，山川湖海、风云雨雪、天体运行都是活书。

转眼，90多年过去了，先生已作古，而"读活书"的告诫，却穿越时代长河依然散发着持久的智慧之光。遗憾的是，最需要这份光芒的孩子们，在各自生命的初春时节，却大多被"关在堂前，闷短寿缘"，少有机会"掀开门帘，投奔自然",所以才有了层出不穷的"书里流连,非呆即癫"。

十多年前,我曾写过一系列文章,呼吁更多爱孩子、爱生命的成年人,与孩子一起接受自然教育,远离"自然缺失症"。因为20多年的咨询经历让我深深地意识到,自然与人们身心健康之间有着超乎我们想象的联系。自然可以为人们提供源源不断的身心成长的养分,提升人们自愈的功能,然而"读死书"长大的成人们,却比孩子们更缺失对自然和美的感知能力。因为缺失,所以疏离,所以也会造成孩子们对自然心怀恐惧而非"敬畏",即使身处春天,也只能看见电子设备里的网络,看不见蜘蛛娘娘所编结的绝美殿堂。

十多年前,我曾写过一句话,再次送给爱孩子的父母们:亲子之间最近的距离,是手拉手,一起走在大自然里。

大自然在哪里呢?不需要很远,目之所及、心之所在都是春天。

像孩子和老人一样认真地活着

壬寅岁末,"君住长江头"的成都和"我住长江尾"的上海,同时下了一场"认真的雪"——漫天飞舞的雪花不期而至，一时间我的朋友圈里个个返老还童，艺术家、心理学家、医生、律师、作家、记者、老师……纷纷浮生偷闲、抬头望天，如此整齐划一的喜悦与兴奋之情，似乎已多年未见。

雪，也是我的心爱。小时候在新疆长大，那时的新疆一年里一半的时间是冬天。我的童年，仿佛是安睡在厚厚冬雪下的小草，只要春风一唤，便会立即醒来。零下三十几摄氏度的天气，听起来冷得不可思议，可是记忆中的雪，却总如新疆长绒棉般温暖、如童话般浪漫。最喜欢月色下的雪夜，整个世界都变成一个巨大的奶油蛋糕，衬着夜空的微蓝，一片圣洁与美好。

长大后离开了新疆，我常常好奇地在心里自问自答："为什么会觉得雪是温暖的呢……是因为家才觉得温暖吧？""为什么那么多人喜欢雪呢……是因为雪让人想起童年吧？""可是南方孩子的童年没有雪，长大也一样喜欢呀……是因为集体无意识吧？"

集体无意识，是瑞士心理学家荣格提出的一个分析心理学术语。简单地说，就是人类祖先代代相传遗留下来的人类心灵的共通部分。这部分平时不会被我们注意到，而一旦有某些祖先曾体验过的类似场景出现，它就会被激活，让我们仿佛瞬间回到人类共同的远古"童年"。

通俗地说，就是瑞雪兆丰年。老祖宗们曾体验过的这份喜悦和希望，早已经不分南北地刻印在了我们的物种基因里。飘落的雪花就像来自远古的消息，纷纷扬扬间让世界和心同时安静了下来。而只有安静的心，才懂得欣赏纯净的美。

即使是在雪地里打滚嬉闹，热血沸腾的大人小孩在那一刻，内心深处也是安静的，安静到可以扔掉各种职业面具，做回真实的自己。就像有一年成都突降大雪，转眼满大街都是造型幽默的雪人、雪狗坐在私家车车顶上招摇过市，令人开心不已。那时，我正好从成都飞深圳，去给世界500强的高级工程师们讲情绪管理课。当我将街头现拍的照片展示给大家看的时候，所有人都笑了，说："哇，原来还可以这样活！"

可不是吗？其实活法真的很多，只是没下雪时我们已经忘了。孩子们是最认真活着的。同样是小年夜这天，一个小男孩想要把山东的雪带回福建去，半道上雪化了，孩子伤心地哭了。幸运的是，爸爸不但没有训斥他，还想了个办法，重新用保温杯装了雪让他带回家……

老人们也活得很认真。小时候，我有一条从上海带回新疆的柠檬黄色拉毛围巾，又好看又柔软。每戴一段时间，外公就会将围巾轻轻铺在洁白的积雪上，待新鲜的雪花飘落，一层层覆盖一阵之后，再拿起围巾，轻轻一抖。我问外公为什么这么做，外公说："这样'洗'，才可以保持蓬松，戴起来才会更舒服。"

当我把这些思绪写成专栏文章发表时，正值农历正月初九。初九，是"天日"——传说是玉皇大帝的生日。我说："有没有玉皇大帝不知道，但借着2023年的瑞雪，我们不妨在天日这天好好看一看天，看一看天地间的自己，让自己像老人和孩子一样认真而美好地活着。"

用李清照的两首词组合起来，便是——"雪里已知春信至，云中谁寄锦书来"。

谁来寄呢？我希望是为人父母的我们自己。给自己写封信吧，让它像雪花般从天而降，直达心灵。写信和收信的过程，也正是我们养育自己和孩子的"慧我"的过程。

"课儿"与"鸡娃"

这几年，大家常常心有戚戚焉地传颂着一句名言：

"幸运的人，用童年治愈一生；不幸的人，用一生治愈童年。"

传颂是因为共鸣，而共鸣，大多在这句话的后半部分——这其实才是不幸。因为每个觉得自己"不幸"的人，都有可能成为别人的父母亲，为别人组建起影响他们一生的原生家庭。

无论幸与不幸，当我们为人父母时，能否让我们的孩子成为幸运的人呢？

中华文化中，先贤们的很多做法其实是值得我们学习与传承的。比如：课儿。

什么是"课儿"？字面看起来，似乎很好理解，就是"给孩子上课，教孩子读书"。宋代以来，许多文人墨客的诗词歌赋里都提到过这两个字，就好像中国当代父母的"陪写作业"和"鸡娃"是古人的遗风一般。不过，细细品味又会发现，古人的"课儿"远比"陪写作业"更加身心投入，但奇怪的是，却没见他们因此而痛苦，更少听说因为"课儿"而被气到送命的——难道是古代父母的心理承受力胜过我们这届父母，又或者古代子女的个性特征都类似"乖乖虎"？

在我看来，古今父母"课儿命运"的本质区别在于起心动念。古代父母督促孩子读书，固然难免功名利禄、金榜题名的现实取向，但过程中始终围绕的是做人立世的品格修养，是文化的熏习传承，而不仅仅是知识的装点堆砌。正因为如此，"课儿"就成了言传身教、耕读与共、思想交流，而不是单向的知识输出和对错监督。前者，可以培养家风；后者，则会逼出"家疯"——父母和孩子身心俱疲，亲子关系备受摧残。

以孟母的断机教子为例：面对贪玩的孟子逃学一事，孟母"断机杼"的行为，如果起心动念是"我得想个办法启发他"、眼光放在"做人"的毕生功课上，就不会伴随毁灭性的情绪勒索与攻击，母子间才能够平和交流；相反，如果起心动念是"我怎么生了这么个娃"，眼光锁定在"快点逼他回学校"，那么"断机杼"就不过是自我宣泄的开始，只会让孟子在幡然醒悟前，先笼罩上情绪暴力的阴影。

心理咨询工作中，太多前来求助的父母们，一方面极度疲惫无助，一方面又变成了孩子心中的情绪恶魔。一次比一次猛烈的情绪爆发，不但没有改善孩子的课业问题，反而彻底消灭了孩子对学习甚至对生活的兴趣和情趣。

我很想说，这不单是父母们的错——当教育变得越来越功利，当标准答案取代了独立思考、知识考核取代了智慧积淀，当家庭作业占满亲子相处的大部分时间……本就焦虑到自顾不暇的父母们，又如何能享受到明朝诗人林光"手中残卷堪延我，篷底烧灯旋课儿"的天伦之乐，或者宋末元初杨公远"昼长延客话，夜静课儿书"的安宁自在？

除非越来越多勇敢的父母愿意调整心念，从"鸡娃"队伍退役，加入到"课儿"的家风共修中，然后就能渐渐像宋朝诗僧释文珦所描述的那样，过上正常的亲子生活——"古树两三株，人家四散居。草檐经雨烂，沙路过潮虚。渔罢篱悬网，耕归壁挂锄。相呼命邻叟，农隙课儿书"。如果要为正常的亲子生活找位带教导师的话，我想非丰子恺先生莫属。他为我们做了最好的"课儿个案演练"。直至今日，在女儿和外孙的记忆中，家中的"课儿"活动都是快乐和爱的教育，无论经历怎样的颠沛流离，一家人始终以游戏的方式共学诗词、给"搓麻将"写说明书、对对子……不亦乐乎。

这些，也是我的童年记忆——虽然那时没人告诉我这叫"课儿"，但点点滴滴、生生不息的浸润，让我的内在自然生长出向上的力量。这份力量，历久弥新，最终凝结成孩子治愈一生的童年。

我自幼喜欢丰子恺先生，因为他喜欢并且懂得孩子，也因为他始终有一颗不染的童心。学生时代，我最常用的自我照顾法之一，就是一个人听着音乐静静地临摹先生的画。先生说："人间的事，只要生机不灭，即使重遭天灾人祸，暂被阻抑，终有抬头的日子。"

愿所有的大人，都能为孩子保留这样的生机。

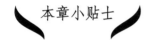 **本章小贴士**

"慧我"的养育，在与天地万物的对话中，在与大自然的链接中，也在美与爱的熏陶中。它没有考试、不计学分，却关乎我们这一期生命的真实品质和终极意义。

亲子作业

1．找个风和日丽的周末，带上野餐垫，与孩子好好享用一顿自然午餐吧——用餐前，别忘了先做一做"我看见……""我听见……""我感觉……"的造句游戏。

2．回顾一下，最近两周以来，有没有做过让自己和孩子都觉得美好的事情呢？如果有，请记录下来；如果没有，就请在未来两周去做吧。

3．请以"慧我"的视角和口吻，分别给自己的"执我""物我"和"心我"写封信，时间和长短不限，可以一直慢慢写下去，并在未来某一天孩子有需要的时候，读给他们听。

第七章

时空交互系统——与孩子相遇在一期一会中

我的咨询室里挂着一幅京都大德寺高僧书写的茶挂——"一期一会"。

"一期一会",来自日本茶道,而日本茶道,源自中国。中国南宋著名禅师圆悟克勤以茶参禅,提出"茶禅一味",被日本茶人奉为至宝箴言,代代相传并参悟出——就像每次茶会的人聚人散一般,人的一生中彼此见面的机会也许只有一次,即使同样两个人,下一次在同一个地方再见,彼此也都不再是上一次的自己,彼此都有了新的变化,永远无法再回到"上一次"。所以,每次见面都"世当珍惜",要以最好的方式对待对方。

2023年6月下旬,我如愿前往名古屋,除了参访日本古老的"国宝茶室"如庵,还在有500多年历史的志野流香道世家里度过了难忘的三天。

日本香道如同日本茶道,也起源于中国。公元753年,鉴真大和尚六次东渡,终于成功。虽然66岁高龄的他已经失明,却让中国文化之光普照东瀛,启迪了志野流香道的诞生。

作为日本两大香道流派之一,志野流至今已传至第21代。第21代蜂谷宗苾少家元(掌门人)自幼心无旁骛,终日重复祖辈定下的动作规矩，进行旁人看来枯燥无比的修习。也正因如此，他虽然不到50岁，在我心里却像"国宝茶室"一般，有着太古之音——不着一弦，却可以让人听见500年如一瞬的传承心经。而"取经"，是我此行的最大心愿，因为我的心理咨询来访者和企业心理课程学员们需要更多安心的智慧，帮助他们在焦虑的时代过不那么焦虑的人生，成就个人及企业的"百年常青"。

我问少家元："小时候如果犯了错，您父亲会怎么对您呢？"

少家元笑了，认真回忆道："记得有一次练习时，我不小心打翻了香炉，香灰和点燃的香炭撒在了榻榻米上，一位小师姐惊慌失措，大声喊叫，我吓得不知如何是好，悄悄瞥了一眼父亲，却发现他完全不动声色，就好像什么都没发生一样，仍然安定地完成着他手上的出香动作。于是，我们也一下安定了下来，静静地把打翻的香炭、香灰收拾干净，然后再重新堆上一炉香灰，继续练习。说来奇怪，虽然当时父亲一个字都没有批评和责怪我，但从那以后，我再也没有出过错。"

我一边听一边频频点头，仿佛打开了一幅沉香熏染的古画卷，画卷里的人物正为我重现传承之要义——还有什么比长辈的心安身定是更有力量的"训诫"呢？安定的背后，是长辈日复一日的自律修行，一心不乱；是即使面对晚辈的失误，也依然选择信任和包容，选择共同担当而不是单向责难。

望着少家元眼中因回忆而闪现的温暖光芒，我甚是感动，于是取出随身携带的诗词册，恭敬转身，请一直坐在我们身后的、"别人家的爸爸"、蜂谷宗玄老家元留下墨宝。83岁的老人家笑眯眯地看了看我，提笔写下出自黄庭坚《香十德》中的三个字：香觉眠。

我小心翼翼地将册子贴身放好，心怀感恩地告别。坐在名古屋至京都的新干线上，我的心忽然轻轻疼了起来，老家元年事已高，下次再见不知何时，这三个字该有多么珍贵……

雨中抵达京都，直奔大德寺。1474年，我儿时的偶像"聪明的一休"出任这里的住持；2002年，蜂谷宗芯少家元也曾在此修行。所以，这里也成为我此次"取经"的必由之地。

大德寺有很多典故，有国宝茶室密庵，有古老的枯山水庭园，还有一位仿佛在等着为我此行"收官"的有趣师父。临关山门前，当我恋恋不舍地最后一个离开寺中大仙院时，这位师父正坐在玄关口又笑又唱，十分欢喜的样子。我也欢喜起来，用英文说："我爱这座寺院。"

师父笑得更灿烂了，也用英文说："我也爱这座寺院。"接着，他又说："我也爱你。"

我愣了一下，突然明白——原来，人与人之间，万物与万物之间，其实都只是一期一会。如果每一个相遇的当下，不必知道谁是谁，都能坦然说出"我爱你"，就像说"我爱这里"一样的话，那么世间总有一些美好的存在会安定传承下去吧……

离开后才知道：所遇之人是92岁的当代高僧尾关宗园，著有多部为众人安心的作品，台湾已故作家林清玄也是他的读者之一。

92岁和83岁的长者，是人的长青。人世间匆匆一面，即使是父子，也不知能有几次再见，一期一会，所以格外珍惜。

500多年的香道，是事的长青。一炉香和一炉香之间，即使是师徒，也不知能有几次雅集，一期一会，所以格外用心。

这，或许就是安心与长青的真经。家庭中，丈夫与妻子、父母与子女，除了在人类物种系统、家族生物系统、社会关系系统和自然生态系统中共同经历人格的成长变化，还在时空交互系统中一期一会地彼此相遇。

一期一会，世当珍惜。

一位爸爸前来咨询情绪管理的问题。他说："自从儿子进入青春期，我感觉自己就变成了火药桶，随时都要爆炸。没办法，太气人了，我的耐心都被他耗尽了！"

我问他："是对儿子耐心耗尽，还是对所有的人和事都没有耐心了呢？"

他想了想，回答道："好像对所有的人都缺乏耐心……不过，我家猫例外，前两天它淘气，躲进车的引擎盖里了，我居然花了一个上午，把车都拆了，就为了救它出来。结果发现，我以为它是卡在那里出不来，其实人家根本没有被卡，它就是想在那里待着，抱它它还不愿意出来呢。"

我说:"真的是很有耐心,花了那么多时间精力,它好像还不领情,您竟然也没有生气,是怎么做到的呢?"

他耸耸肩说:"好像没什么难的,开始以为它被卡住出不来,所以觉得可怜;后来发现它不愿出来,又觉得挺可爱。"

我接着问:"那么,如果是您的儿子,您为他花了很多时间精力,结果发现他想要的和您以为的不一样,您会怎么样呢?"

这位爸爸愣了愣,然后笑起来:"哈哈,那我肯定火冒三丈!平时就是这样的,明明为了他好,他还非要跟我作对,能不气吗?"

"听上去是同样的情况不同的反应,您觉得对您来说,猫猫和儿子区别在哪里呢?"我穷追不舍地问。

爸爸沉吟不语,半晌才说:"可能因为我对儿子有期待,对猫没什么期待。毕竟它只是只猫,寿命有限,能陪我们一段时间就已经很知足了。"

我点点头,指着墙上的茶挂说:"您的话让我想到这四个字:一期一会。所以,您很珍惜,也很知足。"

他顺着我的手看过去,仔细端详了一会儿,缓缓地说:"对呀,一期一会,可能就是这种感觉。"

"那么,您跟儿子之间呢?"我继续问。

这位事业有成的中年男士沉默不语,半晌,红了眼圈,像是对我,又像是在对他自己说:"其实,也是一期一会吧!一转眼他就长大了,早晚也要离开我们独立生活,在一起的时间也没有多少……那还有什么好计较呢?我为什么不去看到他的可爱之处呢?……"

我递了一张纸巾给他,轻轻地说:"嗯,现在的他,似乎也'卡'在青春期的某种状态里,您急着想帮他出来,但对他来说,那是成长所必需的经历,只有完全经历过了,才会自己出来向前走。如果是这样的话,您愿不愿意也陪他一段时光,而不是急着改变他呢?"

这段话说给这位爸爸,也说给所有的爸爸妈妈,包括我自己。

允许孩子舒服,允许时光慢淌

连续几个周末,我与我的一位青春期小来访者都会度过一段"心灵下午茶"的时光。

天气渐冷，我提前将咨询室里的电壁炉打开，让"炉火"暖暖的光恰到好处地印入我们的眼帘，不声不响地营造一份安全、放松而抱持的心灵环境。

小来访者推门进来的瞬间，轻轻地"哇"了一声，然后径直走到壁炉边，双腿一盘，席地而坐，仿佛自言自语，又像是在对着我说："好舒服啊！"

我在她身旁90度角的位置，也席地坐下，点头微笑着说："是的，我也觉得这样很舒服。"

小来访者盯着炉火叹了口气，说："唉！可惜每周只有这个时间才能舒服一下、放松一下……"

我的心微微作疼，想起很多年前，另一位小来访者说："只有到林老师那里去，才叫作'过周末'……"

我轻轻地问："这一周里的其他时间，都做了些什么呢？有没有一点点的舒服和放松？"

小来访者摇摇头，苦笑了一下，戏谑地说："其他时间，老师和家长都生怕我们舒服和放松呢！在他们的词典里，这两个词根本就是贬义词。不对，根本就是不应该存在的词！"

"哦？你觉得老师和家长不喜欢'舒服'和'放松'的存在？"我顺着她的话问。

"这……倒也不是吧……也许他们也喜欢，但他们已经不会了，所以也不敢让我们会，因为觉得学会了这两样，成绩肯定会很垃圾！"小来访者歪着脑袋边想边说。

"嗯，"我说，"尽管你觉得老师和家长不敢让孩子们放松，但你仍然在尽力理解他们——这点让林老师很感动。能不能告诉我，孩子们是怎么看这个问题的呢？'舒服'和'放松'是不是真的会和'好成绩'对立？"

小来访者大声说："绝——对——不——是！其实，我们小朋友也想要好成绩的，但现在的学习方式和内容一点都没意思，没一个人喜欢，只有硬着头皮学。学得已经很苦了，再不让我们放松一下，还有几个人能坚持下去？反而是，让我们每天有一点点自由，可以稍微舒服一下，我们才能感觉到活着还有那么一点点盼头！"

我点点头，说："嗯，有盼头，很重要。不过，可能很多老师和家长都没想到——像你这样的小学霸，门门功课都名列前茅，也会觉得学习没意思吗？"

小来访者不屑地耸耸肩、摊摊手："当然！没有自由，没有舒服和放松，就没有美感！没有美感，学什么都让人反胃！"

我心里暗暗赞叹：每个孩子，都是深刻的哲学家啊！

想起女儿6岁的时候，我带她参观意大利佛罗伦萨圣十字大教堂。刚一进门，平日百灵鸟一样叽叽喳喳的小女孩顿时安静下来。她轻轻走到教堂中央，一动不动地站着，足足有一分钟，然后才压低了嗓音悄悄说："妈妈，这里好美！"

是的，好美——虽然孩子的头脑里并没有关于这座教堂的任何知识，不知道这里被称为"大师的沉睡地"，长眠着包括诗人但丁、作家薄伽丘、画家达·芬奇、雕刻家米开朗琪罗、歌剧大师罗西尼、天文学家伽利略、历史与政治理论家马基雅弗利和布鲁尼等大师，但丝毫不妨碍她幼小的心灵感知到美。当光线透过彩色玻璃照射进来时，生命瞬间笼罩在圣洁的艺术氛围里，而"学"的愿望就在美的感知中冉冉升起。

壁炉前的"心灵下午茶"结束时，我邀请小来访者抚一抚古琴。她学着我的样子，让手指在七弦之上

"行走"了一遍后，轻轻赞叹："好神奇啊！虽然我从小学钢琴，但一弹钢琴我就紧张，满脑子都要去想；今天第一次弹古琴，我却觉得很放松，好像什么都可以忘……美美的！"

慢下来，允许孩子舒服一点，允许时光慢慢流淌，才能感受到"美美"的。小来访者的话，让我想起曾经在李白故居遇到的一对母子。故居花园的草丛里，藏着很多刻着诗的小石碑，6岁左右的小男孩在前面蹦蹦跳跳地走着，突然开心地大喊："妈妈快来！这里有诗！"男孩的妈妈在他身后边走边刷着手机，漫不经心，头也不抬地说："有什么好大惊小怪的！"……

有什么好大惊小怪的——这可能是很多父母都用过的"台词"，殊不知，这样的台词会渐渐浇灭孩子们内心本真的、对美的热爱和感知。当心不在焉、见怪不怪的爸爸妈妈们无法与孩子在同一个时空系统中同频共振、同享身心的愉悦，孩子人格发展的重要养分就会不断流失，他们眼中的光、心中的美也会日趋暗淡，直至消失殆尽。没有了光与美的生命，孤独地审美的孩子，又该如何度过漫长一生中难免遇见的至暗时刻呢？

　　这些年，我一直在努力呼吁全社会关注"好学生抑郁症"，因为有太多的好学生，被"都是为你好"的大人们不断消磨和透支着生命，太多的孩子最后走向绝境。有的"名校"在招生时，甚至充满自豪地对父母说："放心，把孩子交给我们，我们保证把他最后一滴潜能都榨出来！"

　　我想，这样的学校是真的希望每个孩子都成功，然而，不是每个孩子都愿意这样榨取自己的潜能来收获别人眼中的成功。

　　时空交互系统中，看见孩子长长的一生和各种可能性，不利用孩子片段的成果来换取成人碎片化欲望的满足，这，该成为每一位爸爸妈妈最基本的自我修养。

各好其好，好好与共

　　整个2023年，我都在忙着一件事——通过演讲、写作、读书会以及接受采访等形式，呼吁大家关注青少年抑郁问题，尤其是"好学生抑郁症"。

　　"好学生？"许多人不解，"好孩子不缺鲜花和掌声，他们学习好、听话又懂事，一路顺风顺水、令人羡慕，开心都来不及，怎么会跟抑郁联系在一起？"事实恰恰相反，"好学生"不仅与抑郁相关，还是抑郁的高发人群。

我的一位来访者小K，从小就是大家眼中的"完美小孩"和"别人家的孩子"。他自幼承担着改变家族命运的希望，好不容易考上了国内一所顶尖院校，但拿到通知书那一刻，他不但没有感到喜悦，反而发现一直藏在心底的抑郁情绪越来越强烈，甚至会不断冒出极端的念头。

咨询时，他说以前高考是他唯一的目标，现在拼尽全力实现了，接下去的人生不知道意义在哪儿；而且大学里都是优秀的人，自己什么都不算，去了肯定找不到存在感……"我很想告诉爸妈，好好养弟弟，再别让他像我这么累了……"

我问他："你希望父母怎么做才叫'好好养弟弟'？"他哭了，卸下"完美小孩"的盔甲，一股脑地将从小到大积压的委屈和伤痛倾吐了出来。

小K说，小学时每次听到父母说"我们辛苦挣钱都是为了你"，他就会有负罪感，觉得必须要门门功课争第一才对得起他们，做不到他会偷偷掐自己；初中和一个成绩中等的同学比较要好，父母当着同学的面说"我家小K以后是要考大学的，你不要影响他"，他从此再也没交到朋友；高中时，他情绪低落、经常失眠、不想住校，父母却说"你那么优秀，这点困难还克服不了？"……"我希望他们不要再让弟弟也变成我这样的'好学生'了，考上好大学又怎样？一直活在别人的眼光里，时刻害怕别人发现自己其实并不完美，连脆弱和抑郁都觉得不应该，心里太孤独了！"小K最后总结道。

他的话，让我想起网上有一个"好学生心态受害者"小组，他们说："好学生心态包括高度服从、重视他人正向反馈、恐惧失误、习惯性讨好、过度反思等等。"

其实，许多和小K一样的"好学生"，往往并不觉得自己真的好，因为他们从小到大的"好"是被家长、学校及社会的单一评价标准所裹挟和压制出来的，而不是来自他们真实的自我评价，缺乏真实的自我价值感。一旦外界发生变化，或者他们的努力不再能换来原有的认可时，就会觉得生命没有存在的价值和意义，抑郁症便随之来袭。被袭击的，不只是小K们，还包括那些虽然各有所长、暗暗努力，但却因为成绩一般、始终达不到"好学生"标准而自卑的孩子。

抑郁高发的时代，要想孩子们真正过好这一生，大人们需要停下来反思：究竟是哪里出了问题？究竟怎么做对孩子们来说才是真正"好"的事情？

在我看来，生命就像花朵，每朵花有每朵花的美，所以才能"各美其美，美美与共"；同样，每个孩子有每个孩子的好，所以也可以"各好其好，好好与共"。只有当越来越多的成人愿意放下应试教育模式下单一的"好学生"执念，修正和丰富"好"的定义与标准，懂得人格完整和身心健康比好成绩更重要，孩子们才会有更多机会去顺应生命成长的自然规律，开出各自独一无二的花，成为真正意义上的"好学生"。

像看花一样看人

去南方出差，听到一个女孩的故事。

女孩的妈妈是植物学家，除了专注于自己的研究，还要带一批一批的研究生。从女孩记事起，妈妈总是忙啊忙的。很多个想要妈妈陪的时刻，她只能一个人抱着枕头悄悄流泪，不敢让妈妈看见，因为妈妈逢人就说："我女儿最乖最懂事了，从来不让我操心。"

女孩说："从小到大，我一直在努力配合妈妈，演好乖女儿的角色。每次遇到困难和委屈，好想像别的孩子一样，可以跟妈妈倾诉，可是妈妈一句'我很忙，你要懂事'，我就只能硬生生地把眼泪吞下去、往肚子里咽……直到有一天，我去妈妈的实验室，看见她看她那些宝贝花草的眼神，那么专注，充满爱怜、关怀和欣赏，我的眼泪再也忍不住了……妈妈从来没有那样看过我，从来没有……我真的好难过，我甚至开始嫉妒那些花草。在妈妈眼里，它们比我重要多了……我好希望妈妈也能这样看看我，哪怕只有一次！"

我的心跟着女孩的心，悄悄疼痛起来。类似的故事，在我25年的心理咨询工作中听到太多。太多的爸爸妈妈，并不知道自己家里的"乖孩子"承受了多少没有机会表达的委屈和伤痛，不知道许多乖孩子的内心都有一个大到难以弥合的爱的缺口。爸爸妈妈们不是不爱他们，只是因为生活中要操心的事情太多，所以"省心"的孩子自然就在时间精力的分配排序中不断降位，甚至成了父母成功的标配。

记者曾经就网上"好学生心态受害者小组"这个话题采访我。我说："从积极的角度来看，孩子们已经在觉醒、反思和自救。现在，该轮到家长和老师们反思和觉醒了。"

好学生心态，之所以会让孩子们感到受害无穷，甚至影响一生，原因之一正是他们从小到大太过懂事和乖巧，在亲子关系里总是扮演着配合者和分担者的角色，过早成人化，不敢犯错，甚至觉得自己不该有任何负面情绪，出现任何"问题"都是有罪的。在给父母讲课时，我常常会开玩笑说："请从小到大从没犯过错的朋友们举举手。"数千人的授课现场里没有一个人举手，大家往往会左右看看，然后哄然一笑，频频点头，领悟到玩笑后面的深意。

我在《给孩子一生的安全感》这本书里写过一个重要提醒——允许孩子在不伤害自己、他人和世界的前提下，走走弯路、犯犯错，才有可能帮助孩子更好地建立内在安全感。而只有父母自己的安全感具足，才能相信并接纳"犯错，也是一种天赋的权利"。

植物学家的女儿说，正是因为看到了书里的这句话，才终于"敢在妈妈面前流泪"了。她说，自己也即将要做妈妈，将来一定要用妈妈看植物那样的眼神来看自己的孩子，让孩子可以成为不完美但真实的人。

"不完美但真实的人"，是我在书里反复提及的。为了帮助更多的爸爸妈妈知行合一，我还专门带着大家一起去看花，训练自己"像看花一样看人"的能力。

像看花一样看人，我们才能放下评判好恶，用心欣赏每朵花每个时期不一样的美，欣赏露水滑过花瓣、微风摇曳花枝、蝴蝶亲吻花蕊的每一个细微的当下。细微之处，才有生命与生命最真实的相遇，不只是与孩子，也包括我们每个人自己。

人生回甘，活在细微之处

《爱孩子如花在野》这本书的写作，有一部分是在我常去的咖啡馆里完成的。

有一次，写作的间隙，我眼睛盯着屏幕整理思绪，余光却正好扫着咖啡馆里来来往往的脚步。

大多数的脚步都匆匆而过，融入时光和思考的模糊背景中，并不令人特别想要分心关注，直到几对轻轻踩踏着地板缓缓而来的脚步出现。

　　我抬眼望去，看见四个穿着格外时尚的男孩女孩，正以不打扰他人的姿势，小心翼翼地经过。其中一位，还顺便从我身旁的书架上取了一本书去读。我的目光追随着他们静悄悄地落座，望着他们彼此低声细语的美好模样，心里暗暗赞叹："好有教养的年轻人。"

　　继续埋头写作，不知过了多久，突然听到身旁的书架上有一阵轻轻的响动。循声望去，只见一双修长的大手正在整理被翻乱的书籍，把它们按照高低大小重新摆放整齐。我开始以为是哪位细心的店员，但定睛一看，才发现是刚才那四位年轻人之一。原来，他们要离开了，还书的时候顺手做了这件似乎只有店员才会做的事情，而且，恭恭敬敬的。

　　我的心彻底融化了，心头涌起一阵浓浓的回甘——就像品到一杯好茶时喉间所生出的经久不散的美好气韵一般。

　　幸运如我，遇见并珍藏着许多陌生人的细微举动所带来的心灵回甘，历经岁月的冲泡，每每想起，依然气韵悠长绵延。

好多年前，我第一次去澳门。刚刚踏上澳门的土地，心里就升起浓浓的分别心："这不是我喜欢的地方，扑面而来的都是金钱的气味……"直到有一天，街头闲逛时，赫然发现，街心中间坐着一位长者，正在一片一片地擦拭着花坛中植物的叶子。我有点不相信自己的眼睛，特地上前，小心翼翼地问："您每天都这么擦整条街的叶子吗？"老人家头也不抬地说："对呀，这是我的工作嘛！"我的尊敬和惭愧之心油然而生，这座城市的气息瞬间变得不同了，而我在这份不同中，看见了自己之前的狭隘和武断。

后来，在早高峰的东京地铁车站，遇见一个行色匆匆的学生，跑过一位老人身边后，又回头深深地对老人鞠了一躬，然后才继续赶路。

再后来，在悠闲安逸的成都，遇见一位保洁阿姨，在酒店花园的大理石道路上一蹲就是十来分钟，一丝不苟地清理一块小得几乎看不见的污渍。

雨天，在上海一家小小的烧烤店用完餐，出门时服务员递过来一把伞，还不忘轻轻地帮我把伞扣打开……

最近的一次感动，是2023年，与樊登老师一起直播对谈《给孩子一生的安全感》。对谈到一半，樊登老师示意工作人员帮我拿一瓶水。工作人员把水递给他，他自然而然地先轻轻拧开瓶盖，然后才双手将水递到了我手上……

虽然从未跟樊登老师提起过，但这个温暖的小细节和其他的温暖瞬间一样，被我永久地收藏在了心底，静静散发芬芳。

都是些细微如茶之叶脉的举动，却都如茶一般，可以深入生命的机理之中，"一饮涤昏寐，再饮清我神"，提升我们应对人间诸般苦恼的信心与能力。不仅如此，诗僧皎然还说："三饮便得道，何须苦心破烦恼。"——什么样的"道"才可以令我们放下"破烦恼"的执念呢？于我，是活在每一个细微之处的道。

就像家庭教育，如果每对父母都舍得在生活的细微之处下功夫，教会孩子做个自带回甘的人，那么这个世界终将会好起来。

我的摄影家好友，曾经叮嘱她英国皇家艺术学院毕业的女儿说："送客的时候，一定要等到客人下了楼再关门，关门的声音一定要轻轻的。"

轻轻关门的孩子，一样会经历人生的千滋百味；

而活在生命细微之处的能力，最终会将千滋百味化作生命的回甘——予人，予己。

与孩子一同飞舞在心灵的蝴蝶谷

2023年的金秋时节，去成都出差，正遇到第81届世界科幻大会隆重开幕。一下飞机，浓浓的"科幻风"扑面而来——可爱的吉祥物、炫目的海报图、响亮的"在成都遇见未来"的大会标语，让我这个曾经的"科幻迷"也不由得兴奋起来，虽然拖着行李箱，脚步却比平日还轻快几分。

从下机到出口的路，因为频繁出差的缘故，我走过无数遍，所以几乎完全不用动脑，全靠身体记忆带路前行，整个人就像一部意识流小说，不受时空所限，只在若有若无的思绪间沉浮与悠游，一时间不知身在何处。

正在我梦游般前行时，眼前忽然一亮，"仿佛有光"。我的目光下意识地迎了过去，一张清澈无比的笑脸出现在我面前—— 一个六七岁的藏族小姑娘，正站在我前面几步远的地方，双手紧紧抓着自动人行道的扶手，扭过身子仰着脸，一副好奇心得到了满足的样子，冲我甜甜地笑着，眼里的光芒好像雪山日照，干净得足以洗涤掉所有灵魂尘埃一般……

我在孩子的笑容里"醒来"，才发现自己也已经走到了自动人行道上，而孩子的家人们，可能因为头一次乘飞机，看见平行的电梯有点害怕，所以选择在一旁紧跟着电梯的速度步行，虽然有些忙乱，但眉目间也满是笑意，丝毫没有责怪孩子的"不听话"。

我望着孩子的眼睛，也给了她一个我能给予的最干净、美好的微笑。没错，我确信孩子也看见了干净与美好，因为那一刻，我只是将她的微笑印刻在了我的生命里，然后，再让孩子像照镜子一样，在我的微笑里看见她自己。

想起小时候，母亲给我讲过的童话故事《蝴蝶谷》。蝴蝶谷里住着许多蝴蝶，为了让蝴蝶谷更美丽，它们纷纷飞出去找最美的花纹，找到了，就印在自己的翅膀上带回蝴蝶谷。一只蝴蝶找到了美丽的鲜花，就把花朵的模样印在了翅膀上；一只蝴蝶找到了美丽的孔雀，就把孔雀的花纹印在了翅膀上；还有一只蝴蝶飞过金钱豹时，觉得金钱豹虽然很凶，但它的花纹很美，所以也将豹纹印在翅膀上带了回去……

很多年过去，每当遇到美好的人和事，我都会想起母亲版的《蝴蝶谷》，想象自己的心灵就是一座蝴蝶谷，那里鲜花盛开、彩蝶飞舞，每一双飞舞的翅膀上都记录和印刻着这世间的美好，各美其美、美美与共，然后又在合适的时空里，带回更多人身旁。

我猜，小姑娘和她的家人们，也有这样一座心灵的"蝴蝶谷"，那里盛开着人类最珍贵的好奇心、想象力、不卑不亢的探索精神和天人合一的生命热情，刻录着彼此最温暖的真情、守护、不增不减的接纳允许和不生不灭的爱与陪伴。这所有看似与"科幻"毫无关联，但却恰恰是联结人类过去、现在与未来的"底层逻辑"，藏着科幻诞生的原点，也当是它未来永恒的方向。

在心灵的蝴蝶谷里，多"遇见"一些这样干净、美好、发着光的孩子，我想，我们才能"遇见"人类更美好的未来。

我们每个人，都生活在人类物种系统、家族生物系统、社会关系系统、自然生态系统和时空交互系统中。系统中的我们，具有系统的人格体系，人格的发展与完善，是一个持续的螺旋的上升过程。所以，家庭教育不等于唯知识论的教育，它更该是人格的培养、情感的滋润和关系的练习。

预防胜于治疗。教育，正该让人迈向健康，而不是相反。所以，爸爸妈妈们，请学着以系统养育的视角来评价我们的教育是否成功吧——成功的教育，是培养健康完整、热爱生命、有生活热情的人。在你被一大堆碎片化的养育知识淹没，不确定自己的养育方式是否正确、好不好、对不对时，不妨用这条标准来衡量一下，自己当下的做法是否与孩子的终极生命利益一致呢？

人生已经很难了，不要再给孩子人为制造更多的难题。相比知识的拷问，关于爱与美的教育，才更能够给孩子们克服困难的勇气。

一个令人深深担忧的现象是，消费主义、自媒体、短视频、新冠疫情……人类近年来各种主动或被动的演化和经历，仿佛正在打开人性的潘多拉魔盒。近两年来，越来越多教父母以权谋之术育儿的文章、短视频乃至课程充斥于各种碎片化知识之间。传播者，或许本身曾是权谋术的受害者而非受益者，因为受过伤害、看到过人性最黑暗的部分，所以彻底失望、走向了反面。2023年，我跟很多朋友一样，也遇到了从未遇到过的来自人性最黑暗处的挑战。当跟有过同样经历的好友聊起这些时，我说："经历了，就更坚定了要做我们自己，把'傻气'进行到底。因为如果连我们都动摇了，这个世界上像我们这样的人岂不是越来越少了？孩子们岂不是越来越找不到活着的意义了？"

权谋之术，可以了解以防身，不可施教于孩子。

很想邀请大家，跟我们一起，为孩子、为生命，多播撒一些智慧的种子，多点亮一盏可以照亮心灵的明灯。

把希望和智慧的种子播撒在孩子的眼里和心里，当世事纷乱让人沮丧，至少我们还可以在孩子的眼中、心中——

看到光芒。

本章小贴士

在时空大系统中，父母与子女的相遇与世间万物一样，也是转瞬即逝的。当我们能够随时练习"事作千秋想"，亲子之间的许多矛盾也就可以"时忧一瞬过"了。一期一会，世当珍惜，怀着这种心情，活在生命的细微和美好之处，育儿育己，方得始终。

亲子作业

1. 练习像看花一样不带评判地、欣赏地看看孩子，记录下他/她的美好吧。

2. 回忆一下从小到大那些给你留下过"回甘"的人与事，讲给孩子听听吧。

3. 给孩子写一封信，感谢他/她与你相会在这瞬息万变的时空交互系统之中吧！

写在最后

关于系统思考及系统养育，我自己最早的领悟，先是从外公给我讲"塞翁失马"的成语典故开始，然后在孔子和子贡的故事中进一步加深。

故事的原文是：

鲁国之法，鲁人为臣妾于诸侯，有能赎之者，取金于府。子贡赎鲁人于诸侯，来而让不取其金。孔子曰："赐失之矣。夫圣人之举事，可以移风易俗，而教导可施于百姓，非独适己之行也。今鲁国富者寡而贫者多，取其金则无损于行，不取其金，则不复赎人矣。"

子路拯溺者，其人拜之以牛，子路受之。孔子曰："鲁人必拯溺者矣。"

翻译成白话文，意思如下：

鲁国有一条法律，如果鲁国人在国外见到同胞不幸沦为奴隶，只要能够把这些人赎回来帮助他们恢复自由，就可以从国家获得补偿和奖励。孔子的学生子贡，把鲁国人从外国赎了回来，但却拒绝收下国家的补偿金。孔子知道后说："子贡，你错了！向国家领取补偿金，不会损伤到你的品行；但不领取补偿金，鲁国就没有人再去赎回自己遇难的同胞了。"

孔子的另一个学生子路，救起一名溺水者后，那人送了他一头牛表示感谢，子路收下了。孔子高兴地说："鲁国人从此一定会勇于救落水者了。"

第一次读的时候，我深深地被触动了：按照我从小所受的教育，孔子这位老师，本该表扬施恩不图报的子贡，而不是收礼的子路啊！我之前认为子贡才是高尚而正确的做法，在孔子的点拨之下，这种想法突然变成了狭隘的个人英雄主义——似乎只满足了自己做高尚好人的需求，却忽略了个人与系统之间的关系，没有考虑到更大层面上的长远影响。与子贡狭隘的高尚不同，孔子所提倡的做法才更为博爱而深远啊！

再后来，我去苏州西园寺参加一名白血病儿童的慈善捐助活动。孩子手术需要60余万，僧人们组织了募捐和义卖活动，号召大家一起参与。我问师父："这笔钱，如果有几位企业家可以支持，是不是比点点滴滴向大众筹集来得更快一些呢？"师父说："每个人都有做善事的潜在可能，所以，要给大家平等的机会。一件善事，参与的人越多，成就的人也就越多。"

师父的话，更令我心悦诚服。带着这些领悟再回到咨询室里陪伴来访者一起从系统角度来看他们的困惑时，果然更加"清澈见底",更有了流转演变的空间。

带着这些领悟,我先后参加了不同流派的家庭治疗培训,发现万变不离其宗,而"宗",在中国哲学、禅学、心学、艺术、医学等之中,早已等候我们千年。

除此之外,在应邀为企业、高校、党政机关等组织讲授与人格特质相关的心理学课程时,我越来越意识到:我所了解的所有西方心理学人格理论,基本都是西医式、碎片式和拼图式的,它们大多把人格拆解成不同特质,并且主张核心人格的形成是在某个年龄阶段就定型了的。虽然提出"人生发展八阶段"理论的埃里克森,已经开始意识到人格是毕生发展的,但似乎仍然偏向于线性的发展。然而我25年来大量的个案实践显示,并非如此,人格本身是系统而非拼图或者搭积木;人格的发展是流动的、螺旋上升的,而非固化的、直线运动的。

这一现象,如果只在心理学领域存在,我们或许还有大把的时间,像西方心理学理论的形成和推广那样"观察—实验—论证—发表论文—开发标准课程—开展专业培训";然而,当这一现象已经越来越影响到教育,影响到孩子们的心身成长,甚至影响到他们的生命时,我想,有必要尽快将系统人格论和系统养育观点及方法分享给更多人，让我们彼此互助，与孩子们手拉手围成一个安全的圆，彼此陪伴着在流动和螺旋的运转之中共度此生，因为世间大道，万物互联。从系统角度来看，我们真的是"命运共同体"。

我曾应邀为外交部、公安部、中国运载火箭技术研究院等重要部门和企业的各级领导授课；我的家族长辈们，从抗日战争、解放战争、开国大典到抗美援朝等，从未缺席；外公最后一封写给我的信，还在叮嘱我要为祖国"四化"建设贡献力量。我想，正因为如此，我的身上始终有家族传承的爱国精神、有历代长辈的嘱托，也有因爱而生的使命感和责任感。在做日常心理咨询、培训等工作的同时，我从未忘记过如何用心理学来帮助祖国和民族更好地发展。近20年前，我曾写过一篇《国家生涯规划》的博客文章，呼吁大家运用心理学更好地预防和解决社会问题，保护青少年儿童及祖国未来，保护整个民族的心身健康和可持续发展。面对当时出现的与青少年伤害相关的各类社会问题，我希望自己所做的每项工作、我能与每位心理工作者一起，担当起"心理爱国、救国"的重任，而不仅仅是"头痛医头"。当时，《人民政协报》的一位资深编辑看到后感动不已，将这篇文章推荐给了报社，并转来总编对文章的肯定与共鸣。虽然各种原因文章最终没有见报，但这样的共鸣给了我更大的信心：从系统角度来开展心理咨询和心理教育工作势在必行，这也是我应该毕生担负的使命。

正因为如此，所以，25年来，我虽然不担任公职，但一直非常关注也很感动于国家领导人在中华民族心理健康和整个人类健康发展方面所做的充满人文关怀和文化底蕴的英明决策及不懈努力。2013年3月23日，习近平主席在俄罗斯莫斯科国际关系学院发表重要演讲，提到：人类生活在同一个地球村里，生活在历史和现实交汇的同一个时空里，越来越成为你中有我、我中有你的命运共同体。2015年9月28日，习近平主席在第七十届联合国大会一般性辩论上讲话，再次提出携手构建合作共赢新伙伴，同心打造人类命运共同体。2017年1月18日，习近平主席在联合国日内瓦总部发表主旨演讲，面对"世界怎么了，我们怎么办？"这一世界之问，明确提出了"构建人类命运共同体，实现共赢共享"的中国方案，系统阐释了构建人类命运共同体的理论内涵和目标路径，2017年2月10日，构建人类命运共同体理念被写入联合国决议……

人类命运共同体——假如每个国家、每所学校、每个家庭、每对父母，都能深刻领悟并坚守这一信念，那么孩子们的生命、人类的未来该会多么光明而美好。

在我，正是因为坚信和遵循着这一信念，所以才会将《爱孩子如花在野》放入我的"父母心理通识课"系列之中，也才会正式提出系统人格理论，并期待在大家的共同努力和探索实践之下，不断补充、发展和完善它。

"理论是灰色的，生命之树常青。"为了更好地阐述系统人格论，帮助更多的父母形成系统养育观，2023年春节，我还带着圆子专程参加了由四川博物院和考古院组织的古建筑研学活动，前往四川绵阳深山，探访被誉为"深山小故宫"的平武报恩寺。报恩寺是我国目前保存最完好的明代早期建筑群落之一，也是清华大学建筑学院的教学基地，它融建筑、雕塑、绘画等艺术为一体，全部采用楠木建成，而我们此行的重要目的是观摩和研究它的"斗拱"。报恩寺被建筑学家誉为"斗栱博物馆"，因为全寺不同形制的斗栱有36种，共2730余朵，为全国古建筑斗拱之最。

斗拱，是中国建筑特有的构件，"斗"是斗形的木垫块，"拱"是弓形的短木，拱架在斗上，向外挑出，拱端之上再安斗，环环相扣。斗拱是中国古代建筑大智慧"榫卯结构"的最佳表现方式。早在7000年前，我们的祖先就开始使用榫卯结构搭建木构建筑——在木料之间设计互相配合的榫（凸出来的部件）和卯（凹进去的部件），通过榫头嵌入卯眼，榫卯结合处又留有一丝的缝隙余地，从而实现不同构件的柔性连接，构成富有弹性的框架。这样的框架既有充分的韧性，又可承受震动，使建筑结构更加稳固，能有效抵抗外力导致的扭曲变形。同时，榫卯结合也便于建筑的拆装、运输及维修，对古代木结构建筑的流动性与延续性起到了重要作用。

精美的榫卯结构，将古老智慧、工匠精神、精湛技艺、力学原理和美学实践有机地凝结为一体，让曾经以"建筑设计师"为理想之一的我深深着迷，而最打动和吸引我的，是它所蕴含的哲学和心理学启迪。

在我看来，家庭教育更该像房屋建造而不是室内装修。前者的核心要务是保障人格结构的稳定发展、抗挫弹性及空间的流动性，后者则更侧重知识的灌输和堆砌。而系统养育视角下的"房屋建造"，是充满弹性和美感的榫卯结构——人格的各个层面有机结合，需要慢工出细活，而不是工业社会中的钢筋混凝土——一次浇筑成型，人格各因素都有标准化"模具"，只追求快速复制成功。

另一方面，榫卯结构的建筑用"柔性连接""以柔克刚"的方式来抵抗地震冲击，以最小的代价最大化地减少破坏，可以做到"千年榫卯万年牢""墙倒屋不塌"；而钢混结构的建筑则用的是"刚性连接""硬碰硬"的方式，抗震能力很难与榫卯结构相比。同样，系统养育下发展起来的人格系统，是一个留有余地、毕生发展的有机系统，而不是满满当当、因素堆砌的类型标本，所以它比标准流水线式养育出的人格结构，也将更具抗"震"和承压能力。

系统养育，既要有专注细节的耐心和技艺，又要有总揽全局的胸怀与头脑。我非常喜欢有着140多年历史的云南大理一中的校训："读书养气，敬业乐群。"当孩子们人格系统之榫卯结构搭建而成时，生命正气便能在其中自然流淌、生生不息。有了"气"，才会有生机，也才会有一代又一代人的"敬业乐群"。

关于"养气"，苏东坡说"养气勿吟哦，声名忌太早"，即保持内心平静，远比妄加吟咏，过早求取名声重要得多。如果当代父母多读读"苏"，或许孩子们的正气就不会总是被急吼吼地透支和剥夺了去。

与西方传统人格发展理论的单向度和线性因果不同，我提出的系统人格理论将人格发展视为连绵不断的系统运动，而系统人格理论是形成系统养育观的基础。所以，我才会在后记里以大量篇幅来阐述它。感谢大家如此耐心地读到这里，也更期待每一位的参与，期待大家一起：为孩子们，也为我们自己，静心梳理和传承中华文明的古老智慧，让它们引领我们的心，在心理学领域中同样保持我们的文化自信。

祝福大家。

图书在版编目（CIP）数据

爱孩子如花在野 / 林紫著 . -- 上海：上海三联书
店，2024.7. --ISBN 978-7-5426-8552-0

Ⅰ. G780

中国版本图书馆 CIP 数据核字第 20249DQ010 号

爱孩子如花在野
AI HAIZI RU HUA ZAI YE

著　者	林　紫
总 策 划	李　娟
执行策划	狄　佳
责任编辑	杜　鹃
装帧设计	潘振宇
封面插画	芊　祎
监　制	姚　军
责任校对	王凌霄

出版发行　上海三联书店
　　　　　　　（200041）中国上海市静安区威海路755号30楼
邮　箱　sdxsanlian@sina.com
联系电话　编辑部：021-22895517
　　　　　　　发行部：021-22895559
印　刷　河北鹏润印刷有限公司

版　次	2024年7月第1版
印　次	2024年7月第1次印刷
开　本	787mm×1092mm　1/32
字　数	124千字
印　张	8.25
书　号	ISBN 978-7-5426-8552-0/G·1721
定　价	56.00元

敬启读者，如发现本书有印装质量问题，请与印刷厂联系18911886509

人啊，认识你自己！